부동산의 정석

부린이들을 위한 투자 원리 지침서

이 책의 출판권은 (주)두드림미디어에 있습니다.
저작권법에 의해 보호받는 저작물이므로 무단 전재와 복제를 금합니다.

부동산의 정석

부린이들을 위한 투자 원리 지침서

김형일, 이보람 지음

두드림미디어

프롤로그

부동산 투자는 '사는 행위'가 아니라 '판단의 기술'이다!

부동산은 누구에게나 중요한 문제입니다. 결혼해도, 이사 가도, 자산을 불려도, 은퇴해도 늘 부동산은 중심에 있습니다. 그런데 이렇게 중요한 영역임에도 우리는 부동산을 체계적으로 배우지 못한 채 어른이 됩니다.

사람들은 말합니다.

"부동산은 타이밍이다."
"남들 할 때 같이 해야 돈 번다."
"복잡하게 따지지 말고 그냥 사라."

하지만 실제로 부동산을 겪어본 사람들은 곧 알게 됩니다. 부동산은 결코 운이나 감으로 되는 일이 아니라는 사실을요. 기초 개념도 모른 채 시작하면, 그럴듯한 말에 쉽게 휘둘리고, 잘못된 선택을 한 뒤에는 돌이키기가 어렵습니다. 뉴스 하나에 마음이 오락가락하고,

주변 지인의 말 한마디에 자산 전체가 흔들릴 수도 있습니다.

그래서 공부가 필요합니다. 부동산을 이해하는 사람은 기준이 아닌 감정으로 판단합니다. 지금 사야 하는지, 기다려야 하는지, 이 동네가 적정한 가격인지, 확신을 품고 결정할 수 있는 사람은 단 하나, 기초부터 정석대로 배운 사람뿐입니다. 이 책은 그런 당신을 위한 책입니다. 복잡한 이론이나 전문 용어를 나열하는 책이 아닙니다. 부동산을 처음 시작하는 사람도, 실전에서 길을 잃은 사람도, 다시 기본으로 돌아가고 싶은 사람도 이 책 한 권으로 기초 개념부터 실전 감각까지 익힐 수 있도록 구성했습니다.

부동산 투자는 단순히 '사는 행위'가 아니라, '판단의 기술'이 필요합니다. 그리고 그 기술은 누구나 배울 수 있습니다. 이제 당신의 부동산 공부는 정석대로 시작될 것입니다. 그리고 그 길이야말로, 가장 멀리 가는 길이자 가장 빠르게 도달하는 길이 될 것입니다.

필자는 전문 투자자보다 부동산에 대한 정보가 부족한 부린이를 위한 책이 필요하다고 항상 생각했습니다. 우리가 중고등학교 때 배운 《수학의 정석》처럼 이 《부동산의 정석》이라는 책을 통해서 온 국민이 부동산에 대한 최소한의 지식을 얻을 수 있는 책을 집필해야겠다는 생각에 이 책을 쓰게 되었습니다. 부디 부린이들에게 도움이 되는 책이 되었으면 합니다.

건행부자* 올림

---

* 건강하고 행복한 부자로 살고 싶어 '건행부자'라고 닉네임을 지었습니다.

추천사

　이 책은 일시적인 부동산 흐름이 아닌 부동산의 기초를 다지는 책입니다. 부동산을 잘 모르는 초보라면 기초부터 공부해야 실패하지 않는 투자를 할 수 있을 것입니다. 특히 내 집을 마련하는 사람이라면, 이 책을 꼭 읽어 본 뒤 매입하라고 조언하고 싶습니다.

　기초가 안 되어 있는 사람이 몇억 원에서 몇십억 원씩 하는 부동산을 매입하는 것은 위험합니다. 부동산은 내 생에 제일 큰 금액을 투자하는 것입니다. 그만큼 신중해야 하고 공부할 것을 요구합니다.

　처음 투자가 잘못되면 그 실패는 평생 갈 수 있습니다. 그래서 더욱 신중해야 하고, 많이 공부해야 합니다. 이 책은 우리가 학창 시절에 공부하던 《수학의 정석》처럼 부동산의 기초를 탄탄하게 다져 줄 것입니다.

한국 최고 부동산 전문가
박원갑 박사

부동산 초보자를 위한 최고의 지침서, 《부동산의 정석》은 필수 개념부터 실전 투자 전략까지 체계적으로 안내합니다. 부동산의 기초부터 시장 원리, 입지 분석, 가격 결정 메커니즘을 쉽게 풀어 설명해 누구나 이해하기 쉽습니다.

특히 '부린이'의 눈높이에 맞춘 실용적 조언과 사례는 투자에 대한 두려움을 없애고, 자신감을 심어줍니다. 또한, 투자 전 꼭 알아야 할 핵심 포인트와 공부 방법까지 상세히 제시해서 지속 가능한 부동산 투자 마인드를 갖출 수 있게 합니다.

이 책은 부동산 시장의 흐름을 읽고 싶은 모든 이들에게 가장 빠르고 정확한 길잡이가 될 것입니다. 이 책과 함께라면 부동산 투자도 이제 두렵지 않습니다.

부동산 전문가로 성장하는 든든한 첫걸음, 적극 추천합니다!

한국 최고 입지 전문가
빠숑 김학렬

차례

프롤로그 부동산 투자는 '사는 행위'가 아니라 '판단의 기술'이다! ·························· 4
추천사 박원갑 박사, 빠숑 김학렬 ··· 6

제1장. 부동산, 무엇을 알아야 하나?

1. 왜 부동산 공부는 필수인가? ·· 13
2. 부동산은 왕만이 가질 수 있는 땅이었다 ··· 18
3. 부동산은 우리 삶이다 ·· 23
4. 부동산은 특징을 알고 매입해야 한다 ·· 27
5. 토지와 건물의 권리가 중요하다 ··· 31
6. 등기가 되어 있어야 내 소유다 ··· 36
7. 부동산은 종합예술이다 ·· 39
8. 부동산이 흔들리면 나라가 흔들린다 ··· 43

제2장. 부동산 유형의 이해

1. 내 집 마련은 일찍 할수록 좋다 ··· 49
2. 상업용 부동산은 이자에 민감하다 ·· 54
3. 토지는 긴 안목이 필요하다 ··· 60
4. 특수 부동산은 거래를 안 하는 게 좋다 ··· 67
5. 부동산 간접 투자는 주식 펀드처럼 쉽다 ·· 71

제3장. 부동산 기초 지식 총정리

1. 보이지 않는 위험을 읽는 눈을 가져라 ······································ 77
2. 부동산 등기는 법적 이력서다 ··· 83
3. 건축물관리대장은 합법성을 보여주는 도면이다 ························· 88
4. 토지대장은 부동산 관련 행위의 출발점이다 ······························ 94
5. 토지이용계획확인서는 땅의 가능성을 보여준다 ························· 99
6. 건폐율과 용적률은 부동산 가치의 핵심 척도다 ······················· 105
7. 가격의 차이는 목적이 다르기 때문이다 ································· 109

제4장. 입지와 가치 분석의 원리

1. 입지가 부동산 가치를 결정한다 ·· 117
2. 입지는 시간이 지나면 달라진다 ·· 121
3. 입지는 부동산 투자의 성패를 가른다 ····································· 125
4. 지방 부동산은 학군이 결정한다 ·· 130
5. 부동산 입지를 결정하는 주요 요소들 ····································· 134
6. 미래가치를 선점하는 방법이 있다 ··· 138

제5장. 부동산 가격은 어떻게 결정되는가

1. 시장을 움직이는 보이지 않는 손 ··· 145
2. 부동산 시장을 움직이는 외부 변수들 ····································· 149
3. 부동산은 영원한 상승도 없고, 영원한 하락도 없다 ·················· 153
4. 부동산은 반드시 회복한다 ··· 158
5. 부동산, 이것만 알면 실패하지 않는다 ···································· 162

제6장. 투자 전에 꼭 알아야 할 것들

1. 순수익율로 계산해야 한다 …………………………………………………167
2. 진짜 수익을 따져야 한다 …………………………………………………171
3. 부동산 투자는 지렛대를 잘 활용해야 한다 ……………………………175
4. 잃지 않는 투자가 진짜 투자다 ……………………………………………179
5. 나에게 맞는 투자의 방향을 잡아라 ………………………………………184

제7장. 실전 사례로 배우는 부동산 기초

1. 내 집 마련은 빠를수록 좋다 ………………………………………………191
2. 갭이 작으면 무조건 좋은가? ………………………………………………197
3. 큰돈이 있어야 투자하는 것은 아니다 ……………………………………202
4. 현장에서 모든 정보가 나온다 ……………………………………………207
5. '얼죽신'만이 정답일까? ……………………………………………………212

제8장. 부동산 공부, 어떻게 해야 하나?

1. 시장을 읽는 눈을 길러야 한다 ……………………………………………219
2. 투자 고수는 다르게 행동한다 ……………………………………………224
3. 부동산에서 태어나 부동산에서 죽는다 …………………………………228
4. 자신만의 투자 마인드를 정립하자 ………………………………………232

에필로그 정석대로 배운 사람은 흔들리지 않는다 ……………………………236

부록 부린이 용어 50선 ……………………………………………………………240
    부동산 관련 사이트 ……………………………………………………244

제1장

부동산, 무엇을 알아야 하나?

부린이의 부동산 공부
왜 부동산 공부는 필수인가?

오늘날 우리는 단순한 '주거 공간'을 넘어선, 자산으로서의 부동산 시대에 살고 있다. 과거에는 '내 집 마련'이 주된 목적이었다면, 지금은 내 집이 단순한 주거 수단이 아니라 재산 증식의 수단이자 경제적 안전망으로 자리 잡았다. 사회 구조와 경제 환경이 빠르게 변화함에 따라 부동산에 관한 관심은 갈수록 높아지고 있으며, 이에 따라 부동산 공부의 필요성은 점점 더 커지고 있다. 그렇다면, 왜 우리는 반드시 부동산을 공부해야 할까?

첫째, 부동산은 누구나 인생에서 반드시 마주하게 되는 자산이기 때문이다. 평생 한 번도 주식이나 가상화폐를 하지 않고 살아가는 사람은 있을 수 있다. 하지만 부동산은 다르다. 어떻게 보면 우리는 부동산에서 태어나고 부동산에서 죽음을 맞이한다. 월세를 살든, 전세를 살든, 집을 사든 팔든, 누구나 주거 공간과 관련된 결정을 내려야 하는 순간이 온다. 이때 부동산에 대한 기초 지식이 없으면, 불리한 조건으로 계약하거나 손해를 보게 될 가능성이 크다. 즉, 부동산은 선택이 아닌 필수, 모두가 기본적으로 알아야 할 생활 밀착형 경제 지식이다. 우리가 살아가면서 제일 큰 자산이자 거래는 부동산일 것이다.

둘째, 정보의 비대칭성이 큰 시장이기 때문이다. 부동산 시장은 지역, 정책, 시기마다 시세와 조건이 천차만별이며, 관련 정보 또한 일반인에게는 어렵고 복잡하게 느껴진다. 예를 들어 등기부등본, 건축물대장, 공시지가, 취득세나 양도소득세 등 용어나 절차만 해도 처음 접하는 사람에게는 진입장벽이 높다. 이때 부동산 공부를 통해 정보를 해석하고 판단하는 힘, 즉 정보 해독 능력을 갖추는 것이 매우 중요하다. 부동산에 대한 지식이 있는 사람과 그렇지 않은 사람 사이에는 큰 격차가 생기며, 이는 곧 자산의 차이로 이어질 수 있다. 부동산을 통해서 큰 부자가 될 수 있고, 부동산을 통해서 잘못 거래하면 큰 손해를 볼 수도 있다.

셋째, 부동산은 자산관리의 핵심 도구이기 때문이다. 은퇴 후 안정적인 생활을 위해서는 단순히 소득을 벌어들이는 것뿐 아니라 자산을 지키고 불리는 것이 중요하다. 부동산은 안정성이 높은 실물자산으로 평가받으며, 특히 장기적인 관점에서 경제적 자유를 이루는 데 큰 역할을 한다. 자신이 살 집을 언제 사야 할지, 전세가 나을지 월세가 나을지, 주택을 보유할지 임대로 줄지 등은 재테크의 핵심 전략에 해당하며, 이를 판단하기 위해서는 부동산 지식이 꼭 필요하다. 부동산을 모르고는 큰 자산을 형성하기 어렵다고 본다.

넷째, 부동산은 정책과 규제에 민감한 분야이기 때문이다. 부동산 가격은 단순히 수요와 공급의 원칙에 따라 움직이는 것이 아니라, 정부의 세금 정책, 대출 규제, 공급 계획 등과 밀접한 관계가 있다. 예를 들어, LTV·DTI 조정, 종합부동산세, 재건축초과이익환수제 등은 부동산 시장에 큰 영향을 미친다. 따라서 이러한 정책의 방향을 읽고 나에게 어떤 영향을 줄지를 이해하기 위해서는 기본적인 부동산 공부가 필요하다. 단순히 뉴스를 보는 것만으로는 부족하며, 정책을 해석하고 대응할 수 있는 기초 지식과 분석력이 필요하다. 그렇기 때문에 부동산 공부는 꾸준하게 해야 한다.

다섯째, 부동산은 기회이자 위험이 공존하는 시장이기 때문이다. 수익을 기대하고 무작정 투자에 나섰다가 큰 손실을 보는 사례가 적지 않다. 부동산은 금액이 많고 유동성이 낮기 때문에 한 번의 판단 실수로 인한 피해가 크다. 따라서 부동산은 '찍어서 하는 투자'가 아닌, 공부하고 분석한 뒤 결정해야 하는 투자임을 명심해야 한다. 입지 분석, 수익률 계산, 권리관계 확인 등은 사소해 보일 수 있지만, 실제 투자 성공을 좌우하는 요소들이다. 부동산 매입이나 매도를 남에게 맡겨서 하면 큰 위험에 빠질 수 있기 때문이다.

마지막으로, 부동산 공부는 삶의 주도권을 되찾는 길이다. 집값이 오르거나 내리는 것에 일희일비하지 않고, 나에게 맞는 타이밍과 전략으로 내 삶을 설계할 수 있다면, 그것이야말로 진정한 경제적 독립이다. 누군가의 말에 의존하지 않고 스스로 판단하고 결정할 수 있는 능력, 즉 지식 기반의 자신감은 공부를 통해서만 얻을 수 있다.

그 공부는 단순하게 지식만으로 얻는 게 아니고, 현장을 뛰어다니면서 경험을 쌓아야만 얻을 수 있는 정보들이 많다.

　결국, 부동산 공부는 단순히 재테크를 위한 수단이 아니라, 삶을 지키고 선택의 폭을 넓히는 힘이다. 당장 투자하지 않더라도, 내 집 마련과 주거 안정, 그리고 장기적인 자산 형성을 위해 반드시 기초적인 이해를 갖춰야 한다. 부동산을 모르면 당장 손해 보지 않을 수 있지만, 장기적으로는 반드시 차이가 난다. 그래서 지금, 누구에게나 부동산 공부는 '선택'이 아닌 '필수'다. 부동산 매입이나 매도를 할 때 그때 정보를 찾아서 한다면 늦다. 장기적인 부동산 흐름과 지식을 쌓아 놔야만 판단 할 수 있는 게 부동산이기 때문이다. 지금부터 함께 부동산 기초 지식을 함께 공부해보자.

부동산 공부가 필수인 이유

구분	이유	설명
1. 자산관리	내 집 마련과 자산 증식 수단	부동산은 대부분 사람들의 가장 큰 자산. 잘못된 선택은 큰 손실로 이어짐.
2. 투자 판단력	시장 흐름과 사이클 파악	금리, 정책, 경기 변화에 따라 부동산 가격이 출렁임. 공부를 통해 타이밍을 잡을 수 있음.
3. 법적 보호	권리 분석 및 등기 이해	공부하지 않으면 사기나 권리분쟁에 휘말릴 수 있음. 등기부등본, 건축물대장, 계약서 이해는 필수.
4. 세금 절세	세금 구조 이해	취득세, 재산세, 양도소득세 등은 공부를 통해 합법적으로 줄일 수 있음.
5. 정책 대응	정부 정책 변화에 대한 민감도 향상	청약, 대출, 규제 등은 계속 바뀜. 공부한 사람만 기회를 선점함.
6. 생애 주기별 대응	결혼, 출산, 노후 준비 전략에 필요	1인 가구, 신혼부부, 고령자 등 상황별 부동산 전략이 다름. 공부로 맞춤 대응 가능.
7. 위험 회피	하락장이나 사기 위험 대비	잘못된 정보나 유혹에 휘둘리지 않기 위해 공부가 방패 역할을 함.
8. 정보 격차 극복	전문가나 업자에게 휘둘리지 않기 위해	부동산 중개사, 투자자와 대등하게 대화하려면 최소한의 지식이 필요함.

부동산의 정의와 특징
부동산은 왕만이 가질 수 있는 땅이었다

부동산을 공부하는 첫걸음은 '부동산이란 무엇인가'에 대한 정확한 이해에서 시작된다. 부동산은 일상생활 속에서도 자주 접하는 용어지만, 법적·경제적 개념으로 접근하면 훨씬 더 넓은 의미가 있다. 단순히 '집'이나 '땅'을 떠올리기보다는, 그 속에 담긴 구조와 특성을 이해하는 것이 중요하다. '부동산'이라는 용어는 한자 그대로 보면 '움직이지 않는 재산(不動産)'이라는 뜻이다. 즉, 물리적으로 이동이 불가능한 자산을 뜻한다. 이는 '동산(動産)'과 대비되는 개념으로, 동산은 책상, 자동차, 가전제품처럼 쉽게 이동이 가능한 물건을 의미한다.

부동산은 영어로 'real estate'를 번역한 것이다. 여기서 estate는 재산, 토지, 단지 등을 뜻하는데 신분의 의미도 있다. 영어로 직역하자면 부동산은 진정한 신분을 뜻하기도 하고, 왕의 땅이라고 하기도 한다. 토지를 갖고 있는 사람만이 움직일 수 없는 부동의 진정한 신분이었다. 부동산과 연관되지 않은 사람의 신분은 'personal estate'

라고 했다. 이 말은 '동산'이라고 번역되어 사용된다.

세계 최초 부동산 투기는 로마 시대에 시작되었다. 기원전 264~146년에 로마는 카르타고와 포에니 전쟁을 세 차례나 치렀다. 이 전쟁에서 이긴 로마는 점령지의 토지를 귀족과 군인에게 하사했다. 귀족은 토지 투자로 막대한 부를 축적해 로마에서 여유로운 생활을 했다. 어떻게 보면 과거의 전쟁은 토지를 차지하기 위한 처절한 싸움이었는지도 모른다.

과거 우리나라에서는 '토지와 가옥'이라는 용어를 주로 사용해왔다. '부동산'이라는 용어는 메이지유신 후 일본에서 사용하다가 우리에게 전해졌는데, 1912년 3월 조선부동산증명령, 조선부동산등기령을 만들면서 사용하기 시작했다. 즉 현재 부동산학개론을 비롯한 민법에 규정한 부동산 관련 용어들은 일제강점기 때부터 사용하기 시작한 것들이다. 그러나 일본이 사용하는 것은 독일 부동산학에서 가져온 것들이 대부분이다. 헨리 조지(Henry George)의 저서에서는 토지의 경우 노동처럼 굶는 일도 없고, 자본처럼 가치가 줄어드는 일이 없다고 말한다. 토지 소유자는 얼마든지 기다릴 수 있다. 물론 토지 소유자도 불편을 겪기는 하겠지만, 그들이 불편할 정도면 자본은 소멸되는 정도이고, 노동자는 굶는 정도에 이른다고 했다.

주택 투기의 효시도 로마가 발전함에 따라 인구가 급증하면서 생긴 것이다. 많은 토지를 소유한 귀족들은 로마에 2층 또는 3층의 연립주택을 대량으로 공급해 주택 투기가 성행했다. 이는 또한 공산주의와도 연관이 높다. 수많은 농민이 도시로 몰려와 산업근로자가 되고, 인구가 급증하니 주택이 부족했다. 마르크스(Marx)는 런던 빈민가에 일어나고 있는 부동산 투기의 실상과 근로자의 비참한 생활을 지켜보고, 자본주의의 폐해를 지적하기도 했다.

경제학적으로 볼 때 부동산은 한정된 자원으로서 생산 요소 중 '토지'에 해당하며, 인간의 모든 경제 활동이 이루어지는 공간의 기반이 되기 때문에 중요한 자산으로 분류된다.

부동산은 일반 재화와 다른 몇 가지 고유한 특성을 갖는다. 먼저, 고정성(부동성)이다. 부동산은 그 위치를 바꿀 수 없으며, 항상 일정한 장소에 고정되어 있다. 이는 투자 시 입지의 중요성이 강조되는 이유이기도 하다. 부동산의 가치는 그 자체보다는 '어디에 있는가'에 따라 좌우되며, 같은 면적이라도 위치에 따라 가격 차이가 극심하게 벌어지는 이유도 여기에 있다. 이것을 우리는 '입지'라고 한다. 입지의 중요성은 나중에 자세하게 설명하겠다.

두 번째는 영속성이다. 부동산, 특히 토지는 시간이 흘러도 사라지지 않고 반영구적으로 유지된다. 물론 건물은 시간이 지나면 낡고 철거될 수 있지만, 토지 자체는 소멸되지 않는다. 이 때문에 부동산은 장기적 자산으로 평가받는다. 건물이 낡아서 가치가 떨어질 수 있지만, 토지 자체의 가격이 올라 가격의 평가는 더 올라가는 구조다.

세 번째는 개별성(비대체성)이다. 토지는 세상에 단 하나밖에 없는 고유한 속성을 지니며, 서로 완벽하게 동일한 부동산은 존재하지 않는다. 인접한 필지라도 형태, 위치, 방향, 환경 등이 달라서 대체가 불가능하다. 그래서 부동산 공부가 더욱 중요하다. 토지를 어떻게 개발하느냐에 따라 가격이 다시 평가될 수 있는 요소이기도 하다.

이러한 물리적 특성은 부동산의 거래나 개발, 가격 평가 과정에서 중요한 기준으로 작용한다.

부동산은 경제적으로 매우 특수한 자산이다. 가장 대표적인 특징은 공급의 비탄력성이다. 앞서 언급한 고정성과 영속성으로 인해, 부동산은 수요가 증가한다고 해서 바로 공급을 늘릴 수 없다. 개발에는 인허가 절차와 긴 시간이 필요하며, 물리적 한계도 존재하기 때문이다. 이로 인해 수요가 급격히 늘어나는 시기에는 가격이 폭등할 수 있고, 반대로 수요가 줄면 장기간 침체되기도 한다. 그래서 김현미 전 국토교통부 장관이 아파트를 빵처럼 찍어낼 수 없다는 이야기를 한 것이다. 이러한 특수성 때문에 부동산 10년 주기설도 나온다. 이 주기 시기만 잘 알아도 부동산 투자에 유리하다.

또한 투자성과 자산성도 부동산의 중요한 특징 중 하나다. 부동산은 직접 사용(자가 거주) 외에도 임대수익(Rent Income), 자본차익 등을 통해 수익을 창출할 수 있는 자산이다. 이로 인해 많은 사람이 부동산을 단순한 생활 공간이 아닌 투자 수단으로 인식하게 되었고, 자산 형성 수단으로서의 비중도 매우 크다.

부동산은 사회적으로도 의미가 크다. 인간은 태어나서부터 생활·노동·소비·여가까지 모든 활동을 공간 위에서 하게 되며, 이 공간의 핵심이 바로 부동산이다. 즉, 주거권과 밀접하게 연결되어 있으며, 사회복지·도시계획·환경 등 다양한 공공정책의 대상이 되기도 한다. 특히 주거시설은 없어서는 안 될 곳이기에 정부에서 정책적으로 많은 개입을 하게 된다. 정치적으로 이슈화가 많이 되기 때문이다. 부동산은 지역경제와 밀접하게 연결되어 있고, 특정 지역의 부동산 가격 상승은 곧 지역 경기 활성화로 이어진다. 반대로 부동산 침체는 소비 위축과 투자 감소로 연결되기도 한다. 이런 점에서 부동산은 단순한 사적 자산을 넘어, 사회 전체의 균형 발전과도 관련 있는 공공적 속성도 갖는다. 부동산 경기에 따라서 그 지역의 경제가 큰 영향을 미치기 때문이다.

부동산은 '움직이지 않는 자산'이라는 단순한 정의에서 출발하지만, 그 안에는 법률, 경제, 사회, 환경 등 복잡한 요소들이 얽혀 있다. 고정성과 영속성, 개별성이라는 물리적 특성, 그리고 공급 제한성, 자산성, 공공성 등 경제적·사회적 속성을 함께 이해해야 비로소 부동산을 제대로 이해할 수 있다.

절대적 군주제 시대 땅 소유

항목	내용
주제	부동산의 소유권
시대/배경	봉건사회 또는 절대군주제 시대
소유자	왕(군주)
일반인의 권리	없음(또는 임대/사용만 가능).
소유 방식	왕이 모든 토지의 소유권을 가짐.
관리 체계	왕이 귀족이나 관리에게 위임해 관리하게 함.
의미/특징	부동산은 권력과 통치의 상징

부동산과 자산, 무엇이 다를까?
부동산은 우리 삶이다

많은 사람이 '부동산'과 '자산'을 같은 의미로 혼용하지만, 이 둘은 분명히 다른 개념이다. 특히 부동산을 공부하거나 투자 대상으로 삼고자 한다면, 부동산이 자산 중 어떤 위치에 있으며, 왜 구분해서 이해해야 하는지를 명확히 아는 것이 중요하다.

'자산(資産)'이란 쉽게 말해 경제적 가치를 지닌 모든 재화나 권리를 의미한다. 회계적으로는 기업이나 개인이 소유한 현금, 예금, 주식, 채권, 부동산, 자동차, 특허권, 저작권 등 모든 것을 포함한다. 자산은 크게 세 가지로 나뉘는데, 첫째는 유동자산이다. 이는 현금처럼 쉽게 바꿀 수 있는 자산으로, 예금, 단기 투자상품, 외상매출금 등이 여기에 해당한다. 둘째는 비유동자산으로, 시간이 지나야 가치 실현이 가능한 장기성 자산이다. 부동산, 기계장치, 토지, 건물 등이 이에 해당한다. 셋째는 무형자산으로, 눈에 보이지 않지만 가치가 있는 자산이다. 예컨대 특허, 상표권, 브랜드 가치 등이 이에 포함된다.

이처럼 자산은 단순히 '돈이 되는 것'이 아니라, 일정한 경제적 가치가 있으며 이를 활용하거나 보유함으로써 미래의 수익 또는 효용을 기대할 수 있는 것 전반을 뜻한다.

그렇다면 부동산은 자산일까? 정답은 "그렇다." 부동산은 자산의 한 종류이며, 그중에서도 대표적인 비유동자산에 속한다. 하지만 부동산은 자산 중에서도 매우 독특한 속성과 비중을 가진다. 실제로 일반 가정의 자산 구조를 보면, 부동산이 전체 자산의 70% 이상을 차지하는 경우가 많다. 특히 한국은 부동산 중심의 자산 축적 구조가 강하기 때문에, 부동산은 곧 자산이라는 인식이 강하게 자리 잡게 된 것이다.

하지만 주의해야 할 점은, 모든 부동산이 자산이 되는 것은 아니라는 것이다. 예컨대 개발이 불가능한 땅, 처분이 극도로 어려운 위치의 토지, 유지비용만 발생하는 빈 건물 등은 자산으로서의 효용이 떨어질 수 있다. 즉, 자산으로서의 부동산은 가치를 창출하거나 유지할 수 있는 상태여야 한다. 실현 가능한 가치가 있느냐, 수익을 낼 수 있느냐, 보존이 가능한가 등이 중요한 기준이 된다. 그래서 자산이 될 만한 부동산을 매입해야 한다. 그러기 위해서는 부동산 공부가 필수다. 특히 아파트는 사용 가치가 높고, 현금화가 빠른 자산이기에 많은 관심을 가지는 것이다.

'자산'은 넓은 개념이고, '부동산'은 그 속에 포함된 하나의 유형이다. 따라서 자산이라는 큰 틀 속에서 부동산은 어떤 특징이 있는지를 이해해야 한다.

자산은 현금부터 부동산, 주식, 심지어 무형자산까지 포함하는 포괄적 개념이다. 반면 부동산은 물리적으로 고정된 공간, 즉 토지 및 그 정착물만을 의미한다. 자산 중에서도 유동성은 큰 차이를 만든다. 주식이나 예금은 즉시 현금화할 수 있지만, 부동산은 매매 과정에 시간이 걸리고 세금·절차도 복잡하다. 따라서 부동산은 유동성이 낮은 자산군에 속한다. 자산 중 일부는 단기간에 큰 가치 변동이 일어나기도 하지만, 부동산은 상대적으로 장기적인 시세 흐름을 가진다. 물론 단기 급등·급락이 나타날 수 있으나, 전반적으로는 경기, 정책, 금리 등에 연동되는 특징이 있다. 부동산은 단순히 투자 수단일 뿐 아니라, 거주의 공간으로도 활용된다. 다른 자산이 단순히 '가치의 저장소'라면, 부동산은 실생활에 밀접한 '공간 자산'이라는 점에서 기능이 복합적이다.

부동산은 자산의 하위 개념이다. 하지만 부동산은 그 자체로도 독립적인 학문이 될 만큼 고유한 특성과 복잡한 시스템을 갖고 있다. 특히 한국처럼 부동산이 개인 재산 형성의 핵심이 되는 나라에서는, 부동산을 자산의 일부분으로만 인식하기보다는 자산 중에서도 전략적으로 접근해야 할 대상으로 여겨야 한다.

'부동산=자산'이라는 등식은 절반만 맞는 표현이다. 올바른 이해는 '자산 중 하나로서 부동산을 어떻게 활용할 것인가'에 대한 고민에서 시작된다. 이제 우리는 단순히 보유하는 시대에서 벗어나, 자산으로서 부동산의 역할과 한계를 인식하고, 효율적으로 운용하는 안목을 갖춰야 할 시점에 서 있다. 특히 우리나라에서는 자산의

70%가 부동산이기 때문에 자산 중에서 부동산의 범위가 넓다. 부동산, 특히 주택은 우리의 삶과 밀접한 관계가 있다.

부동산과 자산의 차이점

구분	부동산	자산
정의	토지 및 그 위의 건물 등 고정 재산	개인이나 기업이 보유한 모든 경제적 가치
예시	아파트, 토지, 상가	부동산, 현금, 주식, 자동차, 장비 등
형태	물리적이고 고정된 형태	물리적 또는 비물리적 형태 모두 포함.
유동성	낮음.	항목에 따라 다름(예: 현금은 높음).
범위	자산의 한 종류	자산보다 좁은 개념

부동산의 종류와 분류
부동산은 특징을 알고 매입해야 한다

부동산은 다양한 형태와 용도로 존재하며, 여러 기준에 따라 분류할 수 있다. 일반적으로 부동산은 그 이용 목적, 법적 성격, 물리적 형태, 투자 방식 등에 따라 다양하게 나뉜다. 이러한 분류는 투자 전략을 수립하거나 매물을 분석할 때 필수적인 기준이 된다. 이 기준은 부동산을 실제로 어떻게 사용하는지에 따라 나누는 방식으로, 실무에서 가장 널리 쓰이는 분류다.

주거용 부동산은 사람이 거주하는 용도로 사용되는 부동산이다. 아파트, 단독주택, 다세대주택, 오피스텔 등이 이에 속한다. 비교적 수요가 안정적이며, 실거주와 임대수익을 동시에 고려할 수 있는 자산이다. 상업용 부동산(Commercial Real Estate)은 영리 목적의 영업 활동이 이루어지는 부동산이다. 대표적으로 상가, 오피스 빌딩, 쇼핑몰, 호텔 등이 있으며, 높은 임대수익과 운영 수익을 기대할 수 있지만 공실 리스크도 존재한다. 산업용 부동산은 공장, 창고, 물류센터 등

산업 활동을 위한 부동산이다. 접근성과 용도지역 조건이 중요하며, 최근에는 물류 산업 성장으로 물류창고 투자가 주목받고 있다. 농림 축산업용 부동산은 논, 밭, 임야, 축사 등 농업 및 산림 자원으로 활용되는 부동산이다. 농지법 등의 규제를 받으며, 일반적인 투자보다는 실경작자 중심으로 거래된다. 공공 및 특별 목적용 부동산은 학교, 병원, 군부대, 종교시설 등 공익 또는 특수 목적을 위해 사용되는 부동산이다. 대부분 사적 거래가 어렵고, 공공기관에서 관리하거나 특별법이 적용된다.

법률적으로 부동산은 소유권 외에도 다양한 권리 형태로 나눌 수 있다. 소유 부동산은 명의자가 완전한 소유권을 가진 부동산으로, 처분과 사용이 자유롭다. 임대 부동산은 소유자는 따로 있고, 임차인이 일정 기간 사용하는 구조다. 보증금 및 월세 수익이 주된 수익원이다. 지분 부동산은 여러 명이 공동으로 소유한 부동산으로, 공유지분 또는 상속지분 등의 형태가 있다. 임차권 및 전세권 부동산은 물권 또는 채권 형태로 임차인의 권리를 확보한 형태다. 전세 투자 시 주요 고려 사항이 된다.

물리적인 구조나 사용 방식에 따라 분류하는 방식도 있는데, 개발이나 재건축 시 고려되는 기준이다. 토지는 건축물이 없고, 순수한 땅 자체를 의미한다. 향후 개발 가능성, 용도지역, 도로 접면 등이 핵심 평가 요소다. 건물은 사람이 사용할 수 있도록 건축된 구조물로, 주택, 상가, 공장 등이 포함된다. 복합 부동산은 토지와 건물이 결합된 형태로, 대부분의 부동산 거래는 이 형태로 이루어진다. 미분양 부동산은 아직 소유주가 확정되지 않은 신규 분양 상태의 부동산이다. 분양권·입주권은 아직 건물이 완공되지 않았거나 입주하지 않은 상태에서 거래되는 권리 형태의 부동산이다.

투자의 관점에서 보면, 수익 구조와 접근 방식에 따라 부동산을 나눌 수 있다. 직접 투자 부동산은 투자자가 실제로 부동산을 매입해 보유하고, 임대 또는 시세차익(Capital Gain)을 추구하는 방식이다. 간접 투자 부동산은 리츠(REITs), 부동산 펀드, 부동산 관련 주식 등을 통해 간접적으로 이익을 얻는 방식이다. 개발형 부동산은 신규 개발, 재건축, 리모델링 등을 통해 가치를 창출하는 형태로, 높은 수익을 기대할 수 있으나 리스크도 크다. 임대형 부동산은 안정적인 임대수익을 목표로 보유하는 형태이며, 주로 상가, 오피스텔, 다가구주택 등이 해당한다.

부동산은 단일한 자산이 아닌, 다양한 형태와 기능을 가진 복합적인 자산이다. 그 분류 기준을 어떻게 적용하느냐에 따라 해석과 전략이 달라진다. 투자자는 자신이 어떤 형태의 부동산에 투자하고 있는지, 그 부동산이 어떤 특성을 갖는지를 정확히 이해해야 하며, 그에 맞는 분석과 운영 전략을 세워야 한다. 결국 부동산은 다양성을 이해한 자만이 이익을 얻을 수 있는 자산이다. 부동산을 매입하기 전에 어떤 부동산에 투자하고 있는지 알아야 한다.

용도별 부동산의 특징과 차이점

구분	주거용 부동산	상업용 부동산	산업용 부동산
주 용도	거주 목적	영리 활동 (판매, 서비스 등)	생산, 물류, 유통, 저장 등 산업 활동
주 이용자	개인, 가정	사업자, 상인	제조업체, 물류업체 등
예시	아파트, 단독주택, 오피스텔 등	상가, 오피스, 쇼핑몰, 호텔 등	공장, 창고, 물류센터, 산업단지 등
입지 특성	교통 편의, 교육, 생활 인프라 중심	유동 인구 많고 접근성 좋은 지역	교통망 인접 (고속도로, 항만 등), 대규모 부지
수익 구조	전세/월세 수익, 시세차익	임대수익, 매출 기반 수익	임대수익 또는 직접 사용 통한 비용 절감
정책 영향	정부 규제 많음. (대출, 세금 등)	지역 개발 및 상권 변화에 영향받음.	산업 정책, 입지 규제에 영향받음.

토지와 건물의 법적 개념
토지와 건물의 권리가 중요하다

부동산을 이해하기 위한 가장 기초적이면서도 중요한 개념은 바로 '토지'와 '건물'이다. 일상에서는 이 두 가지를 함께 묶어 부동산이라고 부르지만, 법률적으로는 명확한 구분이 존재하며, 그 구분은 소유권, 거래, 세금, 개발 등 여러 측면에 깊게 영향을 미친다. 따라서 부동산을 배우는 데 있어 토지와 건물의 법적 개념을 이해하는 것은 가장 기본적이고도 필수적인 과정이다.

우리 민법 제99조 제1항은 "토지 및 그 정착물은 부동산이다"라고 정의한다. 그리고 제2항에서는 "부동산 이외의 물건은 동산이다"라고 정의하고 있다. 여기서 '토지'는 그 자체로 부동산이고, '정착물'은 토지에 고정되어 쉽게 이동할 수 없는 구조물, 즉 건물이나 나무, 석조물 등을 말한다. 이 정의에 따라 보면, 토지는 그 자체로 독립된 부동산이고, 건물은 토지에 정착된 부동산이다. 다만, 토지와 건물은 서로 결합되어 있을 수는 있으나, 법적으로는 각각 독립된 재산권의 대상이라는 것이 중요하다. 즉, 토지의 소유자와 건물의 소유자가 반드시 같을 필요는 없다.

'토지'는 땅 그 자체를 의미한다. 하지만 법적으로는 단순히 지표면만이 아니라, 공간으로서의 개념을 포함한다. 즉, 토지는 지표뿐 아니라 상하 공간(지하·공중)까지 포함될 수 있으며, 그 사용권도 일정 범위 내에서 법적으로 보호된다. 또한 토지는 위치, 지목, 면적 등으로 구체화되며, 이는 지적도와 토지대장에 의해 공식적으로 관리된다. 특히 토지는 지목에 따라 '대(宅)', '전(田)', '답(畓)', '임(林)' 등으로 구분되며, 이는 해당 토지의 사용 용도 및 개발 가능 여부를 좌우하는 핵심 기준이 된다.

토지의 지목에 따른 용도 및 특징

지목	의미	용도 및 특징	개발 가능성	투자 포인트
대(宅)	집터	주택이 지어질 수 있는 토지, 건축 가능	높음.	주거용 개발 및 매매 활발
전(田)	밭	곡식 외 채소, 과일 등을 재배하는 건조 농지	중간	농지 전용 허가 시 개발 가능
답(畓)	논	벼 재배용 수답(水畓), 물이 필요한 농지	낮음.	실경작자 중심, 전용 절차 복잡
임(林)	산림	숲이나 나무가 있는 땅, 산림 자원 이용	매우 낮음.	장기 보유용, 산지전용 허가 필요

법적으로 토지에 대한 권리는 소유권 외에도 지상권, 지역권, 전세권, 임차권 등 다양한 형태가 존재하며, 이러한 권리들은 독립적

이거나 동시에 성립할 수 있다. 예를 들어, A가 B의 토지 위에 집을 짓고 지상권을 취득하면, A는 그 건물에 대한 소유권을 갖고, B는 토지의 소유권을 유지하게 된다.

토지에 대한 다양한 권리

구분	의미	주요 특징	예시
지상권	다른 사람의 땅 위에 건물이나 공작물을 소유할 수 있는 권리	토지 소유자와는 별도로 그 위에 건물을 세울 수 있음.	타인 소유 토지에 본인이 건물 세워 사용하는 경우
지역권	특정 토지를 이용하기 위해 다른 사람의 토지를 이용할 수 있는 권리	주로 통행로 확보 등에서 사용	자기 땅이 도로에 안 닿아 옆 땅을 지나가야 할 때
전세권	일정 금액(전세금)을 지급하고 부동산을 직접 사용·수익할 수 있는 권리	법적 물권이며, 제삼자에게도 주장 가능	건물 전세로 거주하면서 사용료는 안 내고 전세금만 맡긴 경우
임차권	계약에 의해 일정 기간 부동산을 사용하고 대가를 지급하는 권리	일반적인 월세 계약에서 발생, 채권 형태	아파트를 월세로 빌려 사는 임차인

건물은 토지에 '정착'된 구조물이다. 하지만 단순히 고정된 구조물이라고 해서 모두 법적 의미의 건물이 되는 것은 아니다. 법적으로 건물로 인정받기 위해서는 일정 요건을 갖춰야 하며, 그중 가장 핵심적인 요건은 독립성과 영속성이다. 독립성은 건물이 외벽과 지붕을 갖추고, 독립된 공간으로 기능해야 한다. 하나의 구조물이라고 해도 내부가 여러 가구로 구분되어 있다면 각각을 독립된 건물로 간

주할 수 있다. 영속성은 임시로 설치한 가설건축물이나 컨테이너처럼 단기간 존치되는 구조물은 일반적으로 법적 건물로 인정받기 어렵다.

건물이 법적 건물로 인정되기 위해서는 건축법상 건축허가 또는 신고 절차를 거쳐야 하며, 준공검사 이후 건물 등기를 통해 재산권의 대상이 된다. 이 과정이 완료되어야만 건물은 독립된 부동산으로 법적 보호를 받을 수 있다. 건물 또한 소유권 외에 전세권, 임차권, 저당권 등의 다양한 권리관계가 성립될 수 있으며, 토지와 마찬가지로 등기부등본에 등재되어야만 제삼자에 대한 권리를 주장할 수 있다.

부동산 실무에서 자주 등장하는 개념 중 하나는 '토지와 건물의 분리 소유'다. 이는 토지는 A가, 건물은 B가 소유하는 경우를 말하며, 실제로 도시에서 흔히 볼 수 있다. 대표적인 예로는 건물주는 아니지만 상가를 짓고 운영하는 임차인, 혹은 지상권을 설정하고 건물을 신축한 사용자의 사례가 있다. 이 경우 양측은 반드시 지상권 설정 또는 임대차 계약을 통해 상호 권리를 보장해야 하며, 그렇지 않을 경우 분쟁이 발생할 수 있다. 또한 토지와 건물 중 하나를 양도하거나 담보로 제공할 때도 상대방의 권리를 고려한 계약과 절차가 필수적이다.

토지와 건물은 함께 존재하는 경우가 많지만, 법적으로는 독립된 부동산이며, 서로 다른 권리와 등기 시스템에 의해 관리된다. 토지는 공간적 개념과 행정적 관리가 핵심이며, 건물은 구조적 요건과 법적 절차를 충족해야 독립성을 인정받는다. 이러한 차이를 정확히 이해하는 것이 부동산 거래, 투자, 개발 등 모든 활동의 출발점이 된다. 이후 실무에서 마주할 수 있는 다양한 사례들이 있다. 예를 들어, 토지 소유자의 철거 요구, 건물 신축 시 인허가 절차, 분리 소유에 따른 지상권 설정 등을 파악함으로써 토지와 건물의 법적 관계를 좀 더 현실적으로 이해할 수 있을 것이다.

토지와 건물의 특징

구분	토지	건물
법적 개념	지표면의 일정 부분으로서 독립된 권리 대상	토지에 고정된 구조물로서 독립된 부동산
등록	지적도, 토지대장	건축물대장, 등기부등본
특징	불가동성, 공시성, 개별성	독립성, 기능성, 구조적 요건 필요
권리 행사	소유, 임대, 매매, 담보 등	소유, 임대, 매매, 철거 등

토지와 건물은 부동산을 구성하는 기본 요소이며, 각각 법적으로 명확한 기준과 등록 요건을 가지고 있다. 특히 부동산 거래나 투자, 세금 신고 등 실무에 있어서는 이 둘을 따로따로 바라보는 법적 관점이 매우 중요하다. 부동산을 제대로 이해하려면 '건물만 본다', '땅만 산다'라는 생각보다, 토지와 건물을 모두 권리의 대상으로 이해하고 판단하는 사고방식이 필요하다는 점을 기억해야 한다.

부동산 등기의 중요성
등기가 되어 있어야 내 소유다

부동산을 사고팔거나 권리를 설정하는 과정에서 반드시 등장하는 단어가 있다. 바로 '등기'다. 부동산 거래를 처음 접하는 사람들에게 등기는 어렵고 복잡하게 느껴질 수 있지만, 실상 등기는 부동산의 권리를 공식적으로 '인정'받기 위한 핵심 절차이며, 모든 부동산 활동의 기초라고 할 수 있다.

등기란 부동산에 관한 권리관계를 국가가 운영하는 공적 장부에 기재해 공시하는 제도다. 이 장부는 바로 등기부등본이며, 부동산별로 등기부등본이 존재한다. 이 등기부등본에 누가 소유자인지, 어떤 권리가 설정되어 있는지 명확히 기록됨으로써, 누구든지 열람을 통해 해당 부동산의 법적 상태를 확인할 수 있다. 즉, 등기는 사적 권리를 공적으로 증명하는 수단이자, 이해관계자의 권리를 보호하고 사회적 혼란을 방지하기 위한 장치다. 부동산이라는 고가의 자산에 대해 국가가 관리하는 시스템이라고 볼 수 있다.

민법 제186조는 "부동산에 관한 법률행위로 인한 물권의 득실변경은 등기하여야 그 효력이 생긴다"라고 규정하고 있다. 이는 매매든 증여든, 계약만으로는 소유권이 완전히 이전되지 않으며, 반드시 등기를 마쳐야 제삼자에게 그 권리를 주장할 수 있다는 의미다. 예를 들어, 부동산을 매매했더라도 등기를 이전하지 않았다면 법적으로는 아직도 이전되지 않은 상태로 본다. 따라서 소유권을 가지기 위해서는 반드시 등기를 완료해야 한다. 이처럼 등기는 단순한 행정절차가 아니라, 부동산 권리의 효력을 발생시키는 법적 조건이다.

등기의 가장 중요한 기능은 권리 보호에 있다. 부동산을 둘러싼 분쟁은 대부분 소유권, 임대차권, 저당권 등 권리관계의 불분명에서 발생한다. 그러나 등기부등본에 권리가 명확히 기재되어 있다면, 법적 분쟁의 가능성이 줄어들고, 권리자도 실질적인 보호를 받을 수 있다. 또한 등기는 제삼자에게 권리를 주장하기 위한 전제조건이다. 만약 소유권 이전 등기를 하지 않고 있다면, 그 부동산을 다른 사람에게 이중으로 매도당할 수도 있고, 실제로 소유하고 있음에도 법적으로는 보호받지 못할 수 있다. 이러한 이유로 등기를 '법적 방패'라고 부르기도 한다.

부동산의 권리의 의미

구분	의미	주요 특징	예시
소유권	부동산에 대해 완전한 지배와 처분을 할 수 있는 권리	사용, 수익, 처분(판매, 증여 등) 모두 가능	내 명의로 등기된 아파트를 자유롭게 팔거나 리모델링

구분	의미	주요 특징	예시
임대차권	일정한 조건으로 남의 부동산을 사용하고 대가를 지불할 수 있는 권리	계약에 따라 사용 가능, 채권적 권리	월세로 상가를 빌려 사용하고 매달 임대료 지불
저당권	채권자가 채무자가 빚을 갚지 않으면 부동산을 경매해 우선 변제받을 수 있는 권리	담보로 설정되며, 등기되어야 효력 발생	은행이 아파트를 담보로 대출해주고 저당권을 설정함.

부동산은 동산과 달리 직접 보관하거나 소지할 수 없으므로, 공적인 장부인 등기부등본에 기재된 내용을 신뢰할 수 있어야 거래가 이루어진다. 매수자는 등기부등본을 통해 해당 부동산의 상태와 권리관계를 확인하고, 그에 따라 투자나 매입 여부를 결정한다. 이러한 시스템이 존재하기에 고가의 부동산 거래가 가능하며, 사회 전체의 재산권 질서가 유지될 수 있다.

부동산에서 등기는 단순한 서류 작업이 아니다. 그것은 권리의 발생, 변경, 소멸을 법적으로 확정하는 절차이며, 나아가 내 자산을 지키는 핵심 도구다. 특히 초보자는 '등기해야 진짜 내 것이 된다'라는 원칙을 반드시 기억해야 한다. 계약서보다 강한 것이 바로 등기이며, 부동산의 진정한 주인은 등기부등본에 이름이 올라간 사람이라는 점을 잊지 말자. 내 것이라도 등기가 되어 있지 않은 상황이라면 나중에 법적인 분쟁이 일어날 수 있다는 것을 명심해야 한다.

부동산 시장은 어떻게 움직이는가?
부동산은 종합예술이다

부동산 시장은 단순히 '집값이 오르냐, 내리냐'로 판단할 수 있는 영역이 아니다. 실제로 시장은 다양한 경제적, 사회적, 정책적 요인이 얽혀 있는 복잡한 구조로 움직인다. 이러한 움직임을 이해하고 흐름을 읽는 능력은 부동산 실무자뿐 아니라 일반 실수요자와 투자자에게도 꼭 필요한 기초 지식이다.

가장 먼저 이해해야 할 것은 부동산도 결국 '시장'이라는 점이다. 시장은 수요와 공급이라는 경제학의 기본 원리에 따라 작동한다. 하지만 부동산은 일반 상품과 달리 공급 속도가 느리고 비탄력적이라는 특성이 있다. 예를 들어, 부동산 공급은 땅을 확보하고 인허가를 받은 뒤 실제로 건축까지 마치는 데 수년의 시간이 필요하다. 반면, 수요는 심리와 외부 요인에 따라 훨씬 더 빠르게 움직인다. 이에 따라 단기적으로는 수요가 공급보다 빠르게 변하며, 가격이 급등하거나 급락하는 일이 종종 발생한다.

부동산 시장은 일정한 주기를 가지고 움직이는 '사이클'을 가진다. 일반적으로는 회복기, 호황기, 후퇴기, 침체기의 네 단계를 반복하며 순환한다. 회복기에는 거래량이 증가하고 가격이 서서히 상승하며, 호황기에는 수요가 폭증하면서 가격이 급등한다. 이후 과열된 시장은 정부 규제나 금리 인상 등의 요인으로 후퇴기에 진입하고, 결국 거래가 끊기고 가격이 하락하는 침체기로 이어진다. 이 주기는 지역과 상황에 따라 5년에서 10년 주기로 반복되기도 한다.

그렇다면 부동산 시장에 영향을 주는 핵심 요인들은 무엇일까? 가장 대표적인 것이 금리다. 금리가 낮으면 대출이 쉬워지고 자금 조달 비용이 적어져 부동산 수요가 늘어난다. 반대로 금리가 오르면 대출 이자 부담이 커지면서 수요가 줄고 가격은 조정된다. 특히 한국처럼 주택 구매 시 대출 의존도가 높은 구조에서는 기준금리의 변화가 시장에 미치는 영향이 크다.

정부의 부동산 정책 역시 시장을 움직이는 주요 요인이다. 대출 규제, 세금 정책, 공급 확대 계획, 청약 제도 변경 등은 시장 심리에 직접적인 영향을 미친다. 예를 들어, 다주택자에 대한 보유세 강화나 양도세 중과는 매물 증가로 이어지고, 실수요자 위주의 정책은 특정 계층의 수요를 자극해 지역별 시장의 온도 차를 만들기도 한다. 이처럼 정부 정책은 시장에 방향성과 신호를 주는 역할을 한다.

그 외에도 경기 흐름, 인구 구조 변화, 도시개발계획, 교통 인프라 확장 등도 부동산 시장에 큰 영향을 준다. 경기 호황기에는 소득 증가와 고용 안정으로 수요가 늘어나고, 반대로 경기 침체기에는 구매력이 위축되어 시장 전체가 냉각된다. 인구가 증가하거나 산업 중심지가 이동하는 경우, 해당 지역의 부동산 수요도 자연스럽게 늘어난다. 이는 결국 지역 간 시장 격차를 만들고, 부동산의 '입지'에 대한 중요성을 강화시킨다.

부동산 시장은 때때로 수요와 공급의 불균형 속에서 기회를 만든다. 예를 들어 교통 호재나 도시개발계획이 발표되었지만, 아직 실현되지 않은 지역은 가격이 본격적으로 오르기 전에 진입할 수 있는 여지가 있다. 반면 공급이 한꺼번에 몰린 시기에는 가격이 주춤하거나 하락하는 현상도 나타날 수 있다. 이러한 흐름을 읽고 적절한 타이밍을 판단하는 것이 시장을 이해하는 핵심 역량이다.

결국 부동산 시장을 잘 이해한다는 것은, 단순한 시세 예측을 넘어 '왜 오르는가', '언제 하락하는가', '무엇이 시장을 움직이는가'에 대한 질문에 스스로 답할 수 있는 사고력을 갖추는 것이다. 시장의 전반적인 구조를 파악하고 변화의 징후를 읽을 수 있다면, 부동산을 단지 자산이 아닌 전략적으로 다룰 수 있는 도구로 활용할 수 있다. 이러한 관점에서, 부동산 시장의 작동 원리를 이해하는 것은 부동산 공부의 핵심 중 하나라고 할 수 있다. 그래서 부동산을 '종합예술'이라고 부른다. 부동산이 단순한 물리적 자산이 아니라 다양한 학문, 기술, 감각, 경험이 융합되어야 성공할 수 있는 복합적인 분야이기 때문이다.

부동산을 종합예술이라고 부르는 이유

항목	설명
경제·금융 지식 필요	부동산 시장은 금리, 환율, 물가, 투자 수익률 등 경제 전반과 밀접하게 연결되어 있어, 재무적 분석과 자산운용 능력이 중요함.
법률·제도 이해	등기, 소유권, 용도지역, 세금, 임대차보호법 등 법적 지식이 꼭 필요함.
건축·공학적 요소	건물 구조, 시공 방식, 시설 설계 등 물리적 특성과 기술적 검토가 수반됨.
입지와 도시계획 감각	입지 분석, 교통망, 인프라, 향후 개발계획 등 공간적 통찰력이 요구됨.
마케팅·상권 분석	수요자 분석, 유동 인구, 경쟁 시설 파악 등 시장에 대한 이해와 설득력도 필요함.
인문·심리적 접근	소비자 심리, 삶의 질, 생활 방식 변화에 따른 트렌드 분석 능력도 중요함.
예술적 감각	외관 디자인, 인테리어, 공간 구성 등 감성적 요소가 부동산의 가치를 좌우하기도 함.

부동산과 경제의 관계
부동산이 흔들리면 나라가 흔들린다

부동산은 단순히 땅과 건물에 그치지 않는다. 그것은 개인의 자산이며, 기업의 자본이고, 국가의 경제와 밀접히 얽혀 있는 복합적 구조물이다. 우리가 흔히 뉴스에서 접하는 금리, 인플레이션, 경기순환, 고용률 같은 경제 지표들은 결국 부동산 시장에 직간접적인 영향을 미치며, 반대로 부동산 시장의 흐름은 경제 전반에 큰 파급 효과를 가져온다.

부동산은 가계 자산에서 가장 큰 비중을 차지한다. 통계청 조사에 따르면, 일반 가구의 전체 자산 중 70% 이상이 부동산이다. 이처럼 대부분의 국민이 부동산을 보유하고 있고, 자산 가치를 이 부동산에 기대고 있다는 점에서 부동산 가격은 곧 국민의 심리, 소비, 투자 활동에 직접적인 영향을 미친다. 예를 들어 부동산 가격이 상승하면 사람들은 자신이 더 부자가 되었다고 느껴 소비를 늘리고, 반대로 부동산 가격이 하락하면 심리적으로 위축되어 소비를 줄이며 경제가 둔화될 수 있다. 이를 '자산효과'라고 부르며, 이는 중앙은행이 금리 조정 등을 통해 경기 조절을 할 때 반드시 고려하는 중요한 요소다.

부동산 경기는 일반적인 경제경기와 유사한 순환 구조를 가진다. 즉, 호황 → 과열 → 침체 → 회복의 사이클을 반복한다. 다만, 일반적인 경기보다 조금 느리게 반응하고, 한 번의 움직임이 장기간 지속되는 특징이 있다. 이러한 사이클은 정부의 정책, 금리, 세제 등과 밀접하게 얽혀 있으며, 예측과 대응이 어려운 이유도 여기에 있다. 그러나 부동산 경기가 경제에 미치는 영향이 큰 만큼, 정부와 중앙은행은 이를 면밀히 관찰하고 정책을 조율한다.

금리는 부동산 시장에 가장 직접적인 영향을 미치는 경제 요소 중 하나다. 금리가 낮아지면 대출이 쉬워지고, 투자 심리가 개선되어 부동산 수요가 증가한다. 반대로 금리가 오르면 대출 부담이 커지고, 실수요와 투자 수요가 동시에 줄어들어 가격 하락 압력이 생긴다. 예를 들어, 2020년 이후 코로나19로 인해 초저금리가 유지되면서 부동산 시장에는 막대한 자금이 유입되었고, 이는 전국적인 부동산 가격 급등으로 이어졌다. 반면 2022년 이후 금리가 급격히 인상되자 거래량이 줄고, 일부 지역에서는 가격 조정이 일어나기 시작했다. 이러한 흐름은 부동산이 금리에 얼마나 민감한지를 보여준다.

부동산은 경제정책의 중심에 있는 분야다. 특히 세금(보유세, 양도세, 취득세), 대출 규제, 공급정책, 재건축 규제 등은 부동산 시장의 방향을 크게 좌우한다. 정부는 시장 과열 시 세제 강화와 대출 규제로 진입장벽을 높여 수요를 억제하고, 경기 침체기에는 규제 완화와 공급 확대를 통해 경기를 부양하는 방식으로 시장을 조율한다. 이러한 정책 변화는 부동산뿐만 아니라 건설업, 금융업, 제조업 등 다양한 산업에 영향을 주어 전체 경제에 간접 효과를 미친다.

부동산은 단순한 자산이 아니라 산업 그 자체다. 건설업, 부동산 중개업, 금융업, 인테리어, 가구, 운송 등 다양한 산업이 부동산과 연결되어 있다. 특히 건설업은 경제성장률과 밀접한 관계가 있으며, 대규모 개발이나 재건축 프로젝트는 지역경제를 단기간에 활성화하는 효과가 있다. 또한, 고용 창출 측면에서도 부동산은 매우 중요한 역할을 한다. 주택 공급과 관련된 직간접적인 일자리, 중개업소의 운영, 금융상품 판매 등 수많은 고용을 유발하기 때문이다.

부동산 시장이 안정적으로 움직이면 가계의 자산도 안정되며, 금융 시장도 균형을 이룬다. 반대로 부동산 시장이 과열되거나 급락하면 가계 부채 증가, 금융시스템 불안정, 소비 위축 등 연쇄적인 경제 악영향이 발생한다. 실제로 과거 일본의 부동산 거품 붕괴(1990년대)나 미국의 서브프라임 모기지 사태(2007년)는 부동산 시장의 붕괴가 국가 전체의 경제 위기로 이어질 수 있음을 보여주었다.

부동산은 경제의 거울이자 심장과 같다. 그 흐름을 읽으면 경제가 보이고, 경제의 움직임을 보면 부동산의 미래를 가늠할 수 있다. 따라서 부동산을 이해하는 것은 단순히 땅을 사고파는 문제를 넘어서, 국가 경제의 큰 그림을 이해하는 데 필수적인 요소다. 지금 당신이 부동산 공부를 시작하는 이유가 단순한 투자가 아니라면, 그 배경에는 '경제'라는 거대한 흐름이 있다. 그리고 이 흐름을 읽을 줄 아는 사람만이, 올바른 판단을 할 수 있다.

부동산과 경제의 관계

항목	부동산과의 관계 설명
금리	금리가 오르면 대출 부담 증가 → 부동산 수요 감소, 가격 하락 가능성
물가(인플레이션)	물가 상승 시 실물자산인 부동산이 가치 저장 수단으로 주목받음.
소득 수준	국민 소득이 높아질수록 주택 구매력 증가 → 부동산 수요 증가
고용률	고용 안정은 주거 수요와 상업시설 수요에 긍정적 영향
정부 정책	세제, 대출 규제, 공급정책 등이 부동산 시장을 직접적으로 좌우
경기 사이클	호황기에는 부동산 투자 활발, 불황기에는 거래 감소 및 가격 조정 발생
건설 산업	부동산 경기는 건설 산업 및 관련 산업(자재, 인테리어 등)에 큰 영향

제2장

부동산 유형의 이해

주거용 부동산의 이해
내 집 마련은 일찍 할수록 좋다

　부동산은 인간 생활의 기본적인 필요를 충족시키는 공간으로, 용도에 따라 다양한 형태로 나뉜다. 그중에서도 가장 대표적이고 실생활에 밀접한 형태가 주거용 부동산이다. 주거용 부동산은 단순한 거주의 공간을 넘어서 인간의 삶의 질, 가족 구성원 간의 관계, 나아가 사회 전체의 구조와도 밀접하게 연결되어 있다.

　주거용 부동산이란 사람이 일상적으로 거주하고 생활을 영위하기 위해 사용하는 부동산을 의미한다. 대표적인 예로는 단독주택, 아파트, 연립주택, 다세대주택, 오피스텔 등이 있으며, 법적으로는 '주택법' 및 '건축법'에 따라 그 구조나 용도에 따라 구분된다. 주거용 부동산은 실수요자의 비중이 높아서 일반적으로 상업용 부동산보다 시장의 안정성이 높으며, 생애주기와 밀접하게 연관된 선택이 이루어진다는 특징이 있다.

　주거용 부동산은 구조와 용도에 따라 다양한 유형으로 구분된다.

단독주택은 개별 필지 위에 독립된 건물로 존재하며, 주로 저밀도 주거지에 분포한다. 아파트는 공동주택의 대표적인 형태로, 효율적인 공간 활용과 편의시설, 보안 등의 이유로 현대사회에서 가장 보편적인 주거 형태가 되었다. 다세대주택과 연립주택은 소규모 건물에 여러 세대가 거주할 수 있도록 구성되어 있으며, 비교적 저렴한 가격대와 도심 접근성이 장점이다. 또한 오피스텔은 업무와 주거가 모두 가능한 복합공간으로, 1인 가구 증가와 라이프 스타일 변화에 따라 최근 수요가 증가하는 추세다. 1, 2인 가구가 늘어나면서 수요도 점점 늘어날 것으로 예상된다. 그러나 아직 부동산 투자 가치로서는 부족한 면이 많다. 투자 수익으로서는 가치가 떨어지나 월세를 받는 수익형으로서는 괜찮은 편이다. 홍콩이나 뉴욕같이 월세가 주로 거래되는 곳은 괜찮다. 우리나라는 전세가 주로 거래되는 곳이다 보니 아직은 투자 수익으로서는 가치가 떨어진다. 우리나라도 전세가 월세로 전환되는 요율이 점점 늘어나고 있다.

　주거용 부동산은 다음과 같은 특징을 지닌다. 첫째, 생활의 기본 기반이라는 점이다. 의식주 중 하나로서 주거는 인간의 삶의 안전성과 직결되기 때문에, 경제 상황이 좋지 않더라도 일정 수준의 수요가 유지된다. 둘째, 위치와 환경의 영향력이 크다. 직장, 학교, 교통, 상권, 자연환경 등 다양한 요소들이 주택의 가치와 선호도에 직접적인 영향을 미친다. 셋째, 자산성과 소유욕이다. 주택은 자산으로서의 가치도 커서, 많은 사람이 주거와 동시에 재산 축적 수단으로 부동산을 선택한다.

이러한 특성 때문에 주거용 부동산 시장은 정부 정책, 세금 제도, 대출 규제, 금리 변화 등 다양한 외부 요인에 민감하게 반응한다. 특히 부동산 가격 상승기에는 실수요뿐 아니라 투자 목적의 수요도 급격히 늘어나 시장 과열이 발생하기도 한다.

현대사회에서 주거는 단순히 잠만 자는 공간을 넘어, 삶의 질을 결정짓는 중요한 요소로 작용한다. 집은 개인의 사생활이 보장되는 공간이자, 휴식과 재충전을 위한 장소이며, 가족이 함께 시간을 보내는 사회적 공간이기도 하다. 따라서 주거환경의 질, 단지 내 편의시설, 녹지 공간, 커뮤니티 활동 등이 부동산 선택에 점점 더 중요한 요소로 부각되고 있다. 또한 코로나19 팬데믹 이후 '집콕' 문화와 재택근무가 늘어나면서 주거 공간의 기능은 더욱 복합화되고 있다. 단순한 휴식처를 넘어 업무 공간, 학습 공간, 여가 공간으로까지 활용되며, 이에 따라 실내 구조나 단지 내 인프라에 대한 수요도 다양해지고 있다. 상업용 부동산은 요즘 배달문화와 쿠팡과 같은 인터넷 쇼핑몰의 사용이 늘어나면서 사용하는 사람이 점점 줄어드는 반면, 주거용 부동산은 집콕 문화가 발전하면서 더욱더 사용 가치가 늘어나는 것이 지금의 현상이다.

주거용 부동산은 실거주 목적 외에도 투자 대상으로 주목받아왔다. 특히 수도권, 광역시 등 인구 밀집 지역에서는 시세차익과 임대수익을 기대한 투자가 활발히 이루어진다. 다만 최근에는 정부의 규제 강화로 인해 다주택자의 세 부담이 커졌고, 대출 제한 등으로 투자 난도도 높아지고 있다. 이러한 상황에서도 여전히 실수요 기반의 투자 수요는 꾸준하다. 예를 들어, 학군이 우수한 지역이나 교통망이 개선되는 지역, 재개발·재건축이 예정된 노후 주거지는 향후 가치 상승이 기대되는 대표적인 투자처로 손꼽힌다.

주거용 부동산은 인간의 삶과 떼려야 뗄 수 없는 공간이며, 경제적 자산으로서도 중요한 위치를 차지한다. 단순한 주택이 아닌, '사는 곳'이 곧 '사는 법'을 결정짓는 시대가 도래한 만큼, 주거용 부동산에 대한 이해는 실생활은 물론이고, 장기적인 자산계획을 세우는 데도 중요한 토대가 된다. 앞으로도 인구 구조 변화, 도시계획, 주택 정책 등에 따라 주거 형태는 계속 진화할 것이며, 그 흐름을 읽는 눈이 개인의 삶과 자산을 지키는 중요한 능력이 될 것이다.

지금 당신이 무주택자라면 당장 내 집 마련을 먼저 하길 바란다. 나중에 돈을 모아서 집을 사야지 하는 순간, 점점 더 가난해질 것이다. 작은 집부터 점점 더 큰 집으로 늘려 나갈 것을 권한다. 빌라부터 시작해서 주택 그리고 아파트로 옮겨 타고, 25평부터 33평 그리고 경제적 능력이 된다면 50평까지 갈아타길 바란다. 그리고 1주택자라면 그냥 본전이다. 내 집이 오른다면 다른 집도 오르기 때문이다. 가능하다면 2주택까지는 가지길 바란다. 그래야 다른 사람보다 자산이 2배로 빨리 늘어날 것이다.

주거용 부동산의 특징 정리표

구분	내용	설명
1. 안정적인 수요	지속적 수요 유지	사람의 기본 욕구인 '주거'를 충족시켜야 하므로 경기와 무관하게 기본 수요가 존재함.
2. 실거주와 투자 병행 가능	복합 목적 사용	직접 거주하면서도 시세차익이나 임대수익을 기대할 수 있는 자산
3. 정부 정책의 직접 영향	규제 민감	부동산 세제, 대출 규제, 공급정책 등에 따라 가격과 수요가 크게 변동함.
4. 자산 가치 상승 가능성	장기적 가치 보존	도심, 교통 개선, 학군 등 입지 요소에 따라 가치가 상승하는 경향
5. 유동성 낮음	매매에 시간 소요	주식 등 금융자산에 비해 현금화 속도가 느리고 거래비용이 큼.
6. 임대수익 가능	월세·전세 수입	실거주 외에도 타인에게 임대해 현금 흐름을 만들 수 있음.
7. 관리 필요성	유지보수 필수	건물의 노후화에 따라 리모델링, 수선 등이 필요하며 관리 비용 발생
8. 지역 편차 큼	입지에 따른 가치 차	같은 평수라도 지역, 학군, 교통 여건에 따라 가치와 수요가 큰 차이를 보임.

상업용 부동산의 이해
상업용 부동산은 이자에 민감하다

 부동산은 그 용도에 따라 다양한 형태로 나뉘며, 각기 다른 경제적 기능과 사회적 의미가 있다. 그중에서도 상업용 부동산은 생산활동과 직결되는 유형으로, 단순한 생활 공간이 아니라 경제 활동의 공간, 즉 수익 창출을 목적으로 한 부동산이라는 점에서 주거용 부동산과 뚜렷이 구별된다. 상업용 부동산은 도시의 활력과 경제 구조에 직접적인 영향을 미치며, 투자자에게는 지속적인 임대수익과 자산 가치를 제공하는 중요한 자산 유형으로 자리 잡고 있다.

 그러나 코로나 팬데믹 이후 재택근무가 늘어나면서 상업용 부동산의 활용 가치가 점점 떨어지고 있어 투자에 조심해야 한다. 코로나 팬데믹의 위험성이 줄어들었으나 재택근무에 익숙해진 직장인들은 사무실 출근을 꺼려 하고 있으며, 이는 기업의 고민으로 이어진다. 또한 배민 등 주문 앱 발전으로 인해 배달문화가 발달해 외식도 줄어들고 있어 상업용 부동산의 가치가 줄어들고 있다. 그럼에도 불구하고 아직 상업용 부동산은 월세 수익으로 투자자들에게 관심이 많다. 특히 연예인들의 빌딩 투자도 빈번하고, 부동산 투자 내용이 매스컴을 타면서 일반인들도 꼬마 빌딩 투자를 많이 하고 있다. 필자도 스타벅스가 들어서는 토지를 매입해서 임대해 수익을 내는 게 희망이다.

상업용 부동산이란, 영리 목적의 사업이나 상업 활동을 위해 사용되는 부동산을 말한다. 일반적으로 사무실(오피스), 소매점(상가), 호텔, 리조트, 물류센터, 공장, 창고, 병원, 교육시설 등이 이에 해당한다. 최근에는 이커머스의 확산으로 인해 물류창고 및 데이터센터 등도 상업용 부동산의 중요한 카테고리로 부상하고 있다. 이러한 부동산은 임차인(사업자)에게는 사업의 근거지이자 고객과의 접점이 되는 공간이며, 소유자(투자자)에게는 임대수익과 자산 가치 상승을 기대할 수 있는 투자 대상이다. 예를 들어, 도심 내 오피스 빌딩은 기업들의 본사나 사무실로 사용되며, 일정한 임대료를 통해 꾸준한 현금 흐름을 창출한다.

상업용 부동산의 가장 큰 특징은 수익성 중심이라는 점이다. 투자자 입장에서는 이 부동산을 통해 임대수익과 시세차익을 동시에 기대하며, 이 수익성을 판단하는 주요 지표로는 임대료 수준, 공실률, 관리비, 투자 수익률(Cap Rate) 등이 있다. 상업용 부동산은 임차인의 업종이나 업황에 따라 수익이 달라질 수 있으므로, 입지뿐만 아니라 수요 시장의 특성을 정확히 분석하는 것이 중요하다. 특히 주거용 부동산보다 입지의 중요성이 더욱 중요하다고 할 것이다. 같은 입지라고 하더라고 도로 상황에 따라 임대수익이 다르므로 더욱더 공부가 필요하며 임장활동을 많이 해야 한다.

또한, 상업용 부동산은 장기 임대 계약이 일반적이다. 특히 오피스 빌딩이나 물류센터는 3~5년 이상의 계약이 흔하며, 안정적인 수익 기반이 마련된다. 스타벅스나 롯데리아 등 대형 매장은 10년이나 15년을 계약하는 경우도 허다하다. 이에 따라 투자자에게는 예측 가능한 현금 흐름이 제공되지만, 반대로 공실 발생 시 손실 규모도 크기 때문에 공실 리스크 관리가 핵심이다. 특히나 상업용 부동산은 수익률에 따라 가격이 차이가 커서 이자율에 민감하다.

상업용 부동산은 주거용보다 입지와 유동 인구에 훨씬 민감하다. 오피스는 기업 밀집 지역, 교통 접근성이 우수한 도심에 선호되며, 상가는 보행자 유동이 풍부한 거리나 대중교통 중심지, 대형 마트나 백화점 근처에서 높은 가치를 가진다. 이처럼 수익을 창출하는 구조가 이용자나 고객과의 접점에 달려 있어서 '어디에 있느냐'는 상업용 부동산의 가장 핵심적인 요소다.

이와 함께 상권 분석도 중요한 절차다. 1차, 2차, 3차 상권을 구분하고, 소비자 성향, 유입 인구 규모, 경쟁 업체 유무 등을 면밀히 파악해야 해당 부동산의 임대 가능성과 수익성을 예측할 수 있다. 상업용 부동산은 일반적으로 고액의 초기 자본이 필요하고, 운영과 관리가 복잡하다는 특성이 있다. 시설 유지, 보안, 미화, 주차 등 다양한 관리 요소가 수반되며, 임차인과의 계약, 임대료 조정, 리모델링 등도 지속해서 관리되어야 한다. 따라서 단순한 매입보다는 전문 운용사나 자산관리사와 협업하거나, 부동산투자신탁(REITs)과 같은 간접 투자 방식을 활용하는 경우도 많다.

리스크 측면에서는 경기 변동에 민감하다는 점이 단점이다. 소비 경기가 위축되면 상가의 매출이 감소하고, 이는 공실률 상승과 임대료 하락으로 이어진다. 오피스 시장은 기업의 구조조정이나 원격근무 확산 등 외부 환경 변화에 영향을 받을 수 있다. 또한 이자율 상승은 상업용 부동산의 투자 수익률을 하락시켜 자산 가치에 부정적인 영향을 미친다.

최근 상업용 부동산 시장은 디지털 전환과 트렌드에 따라 변화하고 있다. 코로나19 이후 오피스 수요는 유연근무제 확산과 함께 재조정되고 있으며, 일부 도심 오피스는 공실률 증가와 리모델링 요구에 직면하고 있다. 반면 물류창고, 데이터센터, 친환경 빌딩은 새로운 수요처로 주목받고 있다. 특히 온라인 쇼핑이 늘면서 '라스트 마일' 배송을 위한 도심형 물류창고의 수요가 급증하고 있고, 클라우드 서비스 확산에 따른 데이터센터의 수요도 확대되고 있다. 또한, 친환경 인증 건물이나 에너지 효율 건물은 기업의 경영 기준을 충족시켜 선호도가 높아지고 있다. 이러한 변화에 맞춰 상업용 부동산 투자도 더 이상 단순한 '입지 선정'만으로는 성공하기 어렵고, 시장 흐름과 미래 수요에 대한 통찰력이 요구된다.

상업용 부동산은 단순히 건물이 아닌, 경제를 움직이는 공간이자 수익을 창출하는 자산이다. 다양한 업종과 상권의 변화, 그리고 사회 경제적 구조에 따라 유연하게 진화하는 상업용 부동산은 고수익과 고위험이 공존하는 분야다. 따라서 철저한 시장 분석과 전략적 접근이 필요하며, 입지 선정, 임차인 관리, 자산운용 능력이 투자 성패를 좌우한다.

부동산 투자에서 상업용 자산을 이해한다는 것은 곧 '수익과 리스크를 동시에 다루는 감각'을 키우는 일이며, 미래 경제 구조를 바라보는 안목과도 직결된다. 변화하는 시장 속에서 상업용 부동산은 여전히 가장 강력한 투자 자산 중 하나로 남아 있다. 상업용 부동산은 임대가 잘 안 나갈 경우 이자 부담이 크기 때문에 공부를 많이 한 후 투자하길 바란다. 특히 구분형 상가 분양을 조심해야 하며, 1층이 아닌 고층은 정말 투자를 조심해야 한다.

상업용 부동산의 특징 정리표

구분	내용	설명
1. 수익형 자산	임대수익 중심	월세, 임대료 수입이 핵심 수익 구조이며, 안정적인 현금 흐름을 기대할 수 있음.
2. 투자자 중심 시장	실수요보다 투자 목적 강함.	주거용보다 실사용자 비율이 낮고, 수익률 기반의 거래가 일반적
3. 위치 및 상권 영향 큼.	입지가 수익률 결정	유동 인구, 상권 활성도, 접근성 등에 따라 수익성 차이 큼.
4. 공실 리스크 존재	임차인 확보 중요	임대료 수입 의존도가 높아 공실이 생기면 손실 위험 증가
5. 경기 민감성 높음.	경기에 따라 수익 변동	소비 침체, 기업 구조조정 등 외부 경기 요인에 따라 공실률과 수익률 변화
6. 전문성 필요	관리 및 계약 복잡	상가, 오피스, 빌딩 등은 임대차 계약, 운영 관리 등에서 전문성이 요구됨.
7. 세금 및 규제 차별화	주거용과 다른 세제 적용	종합부동산세, 양도세, 부가세 등 세금 구조가 주거용과 다름.
8. 자산 가치의 변동성	수익률에 따른 가치 변동	수익률과 시장 금리에 따라 자산 가치가 민감하게 반응

토지의 종류와 특징
토지는 긴 안목이 필요하다

부동산의 가장 기본적이며 핵심적인 구성요소는 바로 '토지'다. 토지는 인간의 생활과 생산활동이 이루어지는 가장 기초적인 공간이며, 그 특성상 한정되어 있고 대체가 어려운 자원이다. 이러한 토지는 사회적, 경제적, 법적 맥락에서 다양한 종류로 분류되며, 종류마다 고유의 특징과 용도, 가치가 존재한다. 여기서는 토지의 분류 기준과 주요 특징을 살펴보고, 이를 바탕으로 부동산 투자 및 활용에 필요한 기초 이해를 도모하고자 한다.

토지는 다양한 기준에 따라 여러 방식으로 분류된다. 가장 일반적인 분류 방법은 토지가 어떻게 사용되고 있는가에 따라 나누는 것이다. 주거용 토지는 주택이나 아파트 등 주거시설을 짓기 위한 용도의 토지로, 도시계획상 주거지역에 해당한다. 안정적 수요가 있는 편이며, 인프라 접근성이 가치 판단의 핵심이다. 주거용 토지는 용도별로 구분하는데 전용주거지역, 제1종 전용주거지역, 제2종 전용

주거지역, 일반주거지역, 제1종 일반주거지역, 제2종 일반주거지역, 제3종 일반주거지역, 준주거지역으로 나뉜다.

주거지역의 종류

주거지역	전용주거지역	양호한 주거환경을 보호하기 위해 필요한 지역
	제1종 전용주거지역	단독주택 중심의 양호한 주거환경을 보호하기 위해 필요한 지역
	제2종 전용주거지역	공동주택 중심의 양호한 주거환경을 보호하기 위해 필요한 지역
	일반주거지역	편리한 주거환경을 조성하기 위해 필요한 지역
	제1종 일반주거지역	저층주택을 중심으로 편리한 주거환경을 조성하기 위해 필요한 지역
	제2종 일반주거지역	중층주택을 중심으로 편리한 주거환경을 조성하기 위해 필요한 지역
	제3종 일반주거지역	중고층주택을 중심으로 편리한 주거환경을 조성하기 위해 필요한 지역
	준주거지역	주거기능을 위주로 하되 일부 상업 및 업무기능의 보완이 필요한 지역

상업용 토지는 상가, 오피스, 쇼핑몰 등 상업 시설이 입지할 수 있는 토지다. 유동 인구와 입지가 가장 중요하며, 높은 임대수익을 기대할 수 있다. 상업용 토지는 용도별로 구분하면 중심상업지역, 일반상업지역, 근린상업지역, 유통상업지역으로 구분된다.

상업지역의 종류

상업지역	중심상업지역	도심·부도심의 상업기능 및 업무기능의 확충을 위해 필요한 지역
	일반상업지역	일반적인 상업기능 및 업무기능을 담당하기 위해 필요한 지역
	근린상업지역	근린지역에서의 일용품 및 서비스 공급을 위해 필요한 지역
	유통상업지역	도시 내 및 지역 간 유통기능의 증진을 위해 필요한 지역

공업용 토지는 공장, 창고 등의 산업시설을 위한 토지로, 주거지와 일정 거리 이상 떨어져 있어야 하며, 주로 공업지역에 위치한다. 공업용 토지는 용도별로 구분하면 전용공업지역, 일반공업지역, 준공업지역으로 나뉜다.

공업지역의 종류

공업지역	전용공업지역	주로 중화학공업, 공해성 공업 등을 수용하기 위해 필요한 지역
	일반공업지역	환경을 저해하지 아니하는 공업의 배치를 위해 필요한 지역
	준공업지역	경공업 및 기타 공업을 수용하되 주거 상업 업무기능 보완이 필요한 지역

농림·축산용 토지는 농사, 임업, 목축 등에 사용되는 토지로, 개발제한이나 보전지역 규제가 많은 편이다. 그 외 기타 토지는 종교시설, 군사시설, 공공시설 등 특별한 목적의 토지로, 활용과 거래가 제한적일 수 있다.

국토의 효율적인 이용과 개발을 위해, 국가는 토지를 용도지역·지구·구역으로 구분해 법적으로 관리한다. 용도지역은 도시계획상 토지를 주거지역, 상업지역, 공업지역, 녹지지역 등으로 구분한 것이다. 용도지구는 특정 지역에 대해 보다 세분화된 제한을 두기 위한 구역이다. 용도구역은 개발 제한, 도시개발, 보전 등을 위해 지정된 지역이다. 예를 들어 개발제한구역, 수변구역 등이 있다.

토지 용도지역 정리표

구분	용도지역	주요 목적	특징
1	도시지역	주거, 상업, 산업 활동	개발 활발, 건축 가능
2	관리지역	도시확장·제한적 개발	일부 개발 허용, 계획성 필요
3	농림지역	농업·임엄 보호	원칙적 개발 불가
4	자연환경보전지역	생태·경관 보전	개발 거의 불가, 규제 매우 강함.

이러한 법적 분류는 토지의 건축 가능 여부, 건폐율, 용적률 등에 직접적인 영향을 미치므로 반드시 확인해야 한다.

지적도상으로 토지가 어떤 용도로 등록되어 있는지를 의미하는 것이 지목이다. 대표적인 지목에는 대(宅), 답(논), 전(밭), 임(임야), 도로, 공장용지, 하천 등이 있으며, 이는 국토교통부에서 지정한 28가지 항목으로 나뉜다. 지목은 실사용 용도와 다를 수 있으므로, 개발이나 거래 시에는 실제 이용 현황과 함께 고려해야 한다.

토지는 다른 자산과는 뚜렷이 구별되는 고유한 특징들을 가지고 있다. 이는 토지를 단순한 '땅'이 아닌, 경제적이고 법적인 성격을 동시에 지닌 복합적 자산으로 인식하게 만든다. 토지는 그 위치가 고정되어 있으며 이동이 불가능하다. 따라서 입지(Location)가 토지의 가치를 결정짓는 가장 큰 요소 중 하나다. 동일한 면적이라도 도심과 외곽, 교통 접근성, 주변 인프라에 따라 가치 차이는 수배에서 수십 배에 이를 수 있다. 토지는 자연적으로 생성되지 않으며, 인위적인 생산도 불가능하다. 즉, 공급이 제한적이다. 이러한 특성 때문에 토지는 경제학적으로도 희소 자원으로 간주되며, 공급이 제한되면서 수요가 지속되면 가격은 상승하는 구조를 갖는다.

토지는 시간이 지나도 없어지지 않는 영속적인 자산이다. 건물이나 구조물은 시간이 흐르면 낡고 소멸하지만, 토지는 원형 그대로 존속한다. 이에 따라 토지는 장기적인 투자 대상으로 주목받는다. 토지는 동일한 형태가 존재하지 않는다. 위치, 모양, 경사, 주변 환경 등이 모두 다르며, 그 개별성이 가격과 활용도에 큰 영향을 미친다. 따라서 토지는 거래 시마다 개별 분석이 필수적이다. 토지는 공공정책과 법률에 따라 사용 용도가 제한된다. 도시계획법, 국토의 계획 및 이용에 관한 법률, 농지법, 산지관리법 등 다양한 법률이 토지 이용을 규제하고 있으며, 이를 무시한 개발은 불법이 될 수 있다. 따라서 투자나 개발 전에 반드시 관련 법령을 검토해야 한다.

토지는 단순히 땅이라는 물리적 의미를 넘어, 사회적·법적·경제적 의미가 복합적으로 얽힌 자산이다. 그 종류는 사용 용도와 법적

지위에 따라 다양하게 나뉘며, 각 토지는 고유의 특성과 가치 요소를 갖는다. 토지에 대한 이해는 부동산 투자와 활용의 기초이며, 그 속성을 제대로 파악함으로써 성공적인 부동산 전략을 수립할 수 있다. 향후 이 책은 이러한 토지의 이해를 바탕으로, 실제 토지 거래와 개발, 가치 평가에 대한 실무적인 접근으로 이어질 것이다. 토지는 아파트에 비해 거래가 쉽지 않다. 주거는 꼭 필요한 것이나 토지는 그렇지 않기 때문에 사용자에 따라 용도가 달라 쉽게 매도하기가 쉽지 않다. 긴 안목을 가지고 투자해야 할 것이다. 필자도 부산에 토지를 공동 투자를 했는데, 7년째 이자를 내면서 매도하지 못하고 있다.

지목의 종류 및 설명

번호	지목	내용	부호
1	전	물을 상시적으로 이용하지 않음. 곡물, 나무 등	전
2	답	물을 상시적으로 이용. 벼, 연, 미나리 등	답
3	과수원	과수류를 집단 재배. 사과, 배, 귤 등	과
4	목장용지	축산업 및 낙농업 초지, 축사	목
5	임야	산림, 수림지, 죽림지, 암석지, 자갈땅 등	임
6	광천지	지하에서 온수, 약수, 석유류의 용출구	광
7	염전	바닷물을 끌어올려 소금 채취	염
8	대	영구적 건축물의 부지	대
9	공장용지	제조업, 공장부지 조성공사	장
10	학교용지	학교의 교사와 체육장 등 부속시설	학
11	주차장	자동차 주차시설, 주차 전용 건축물	차

번호	지목	내용	부호
12	주유소용지	석유 및 석유제품, 액화석유가스 등 판매	주
13	창고용지	물건 등을 보관하거나 저장, 냉동·물류·양곡창고 등	창
14	도로	보행이나 차량운행에 이용, 도로로 개설	도
15	철도용지	역사, 차고, 발전시설 및 공작창 등	철
16	제방	방조제, 방수제, 방사제, 방파제	제
17	하천	자연의 유수가 있거나 있을 토지	천
18	구거	용수 또는 배수를 위해 인공적인 수로, 둑	구
19	유지	댐, 저수지, 소류지, 호수, 연못 등	유
20	양어장	육상에 인공으로 조성	양
21	수도용지	물을 정수 공급하는 시설	수
22	공원	일반 공중의 보건, 휴양, 정서생활에 이용하는 토지	공
23	체육용지	종합운동장, 야구장, 실내체육관, 승마장 등	체
24	유원지	일반 공중의 위락, 휴양시설, 수영장, 동물원, 경마장 등	원
25	종교용지	교회, 사찰, 향교 등	종
26	사적지	문화재로 지정된 유물 등 보호	사
27	묘지	묘지공원, 봉안시설 등	묘
28	잡종지	다른 지목에 들지 않는 토지	잡

특수 부동산의 이해
특수 부동산은 거래를 안 하는 게 좋다

부동산은 일반적으로 주거용, 상업용, 공업용, 농업용 등으로 나누어지지만, 이러한 범주에 속하지 않거나 특별한 기능과 목적을 지닌 부동산도 존재한다. 이를 '특수 부동산'이라고 하며, 일반적인 부동산과는 다른 법적, 행정적, 경제적 특성이 있다. 특수 부동산은 공공성, 희소성, 관리의 전문성 등이 필요하므로 일반 부동산보다 접근과 활용에 주의가 요구된다.

특수 부동산이란 일반적인 시장에서 거래되는 주거용이나 상업용 부동산과는 달리, 특정한 목적이나 기능을 위해 이용되는 부동산을 의미한다. 일반적으로 공공기관, 교육기관, 종교시설, 군사시설, 철도·항만·공항 등 기반시설, 문화재 및 자연 보호구역에 해당하는 부동산이 이에 속한다. 이러한 부동산은 활용 목적이 명확하며, 법률이나 조례에 따라 일정 수준 이상 보호받거나 규제되는 경우가 많다. 또한 일부는 수익 창출보다는 공익적 목적을 우선으로 해서, 경제적 가치 평가 방식도 일반 부동산과는 차이가 있다.

특수 부동산은 크게 다음과 같은 유형으로 분류할 수 있다. 공공기관이 소유하거나 운영하는 청사, 법원, 경찰서, 소방서, 시청, 구청, 주민센터 등이 이에 해당한다. 국민의 생활과 행정서비스 제공을 목적으로 하며, 일반적으로 매각이나 임대가 제한되어 있다. 학교, 유치원, 대학교 등 교육기관의 부지와 건물, 교회, 사찰, 성당 등 종교 활동을 위한 부동산이다. 특히 학교 부지는 '학교용지법', '교육시설법' 등에 따라 엄격한 용도제한이 적용된다.

철도역, 기차 선로, 지하철역, 공항, 항만, 고속도로 휴게소 등이 대표적인 기반시설 부동산이다. 대부분 국가 또는 지방자치단체 소유이며, 민간과의 협력을 통해 운영되는 경우도 있다. 역사적, 문화적 가치가 있는 부동산으로서 문화재청이나 지방자치단체의 보호 대상이 되는 건축물, 사적지, 유적지 등이 여기에 포함된다. 또한 국립공원, 자연보호구역, 생태보전지역 등 환경 보전 목적의 토지도 특수 부동산으로 분류된다. 군사기지, 훈련장, 탄약고, 방공포대, 레이더 기지 등 군의 작전 및 방위와 관련된 부동산으로, 일반인은 접근이 제한되며, 보안상 비공개가 원칙이다. 컨벤션센터, 박람회장, 방송국, 국영기업 사옥, 연구단지, 산업클러스터 등 공공성과 수익성을 동시에 지닌 복합 목적의 부동산이 이에 해당한다. 국·공유재산으로 시작해 민간 자본이 유입되는 형태도 많다.

특수 부동산은 대체로 공공 목적을 위한 자산으로, 수익을 추구하기보다는 서비스 제공과 공익 실현이 우선된다. 이에 따라 시장에서의 자유로운 매매가 어렵고, 사용권이나 운영권이 제한된다. 해당 시설이나 기능은 특정 지역에 하나밖에 없거나, 제한된 용지에서만 운영할 수 있다. 예를 들어 공항이나 항만 부지는 입지 조건과 허가 요건으로 인해 대체가 거의 불가능하다. 많은 특수 부동산은 법령상 특별관리 대상이다. 개발 제한, 보존 관리, 접근 제한, 소음·진동·환경 규제 등 다양한 제한이 병행되며, 소유자 또한 이에 대한 관리 책임을 진다. 기술적, 행정적 전문성이 요구된다. 예컨대 철도역 부동산은 교통계획, 도시계획, 안전 규정 등 다양한 법령의 적용을 받으며, 전문 조직을 통한 관리가 필요하다.

특수 부동산은 일반인에게 익숙하지 않으며, 투자 및 활용 시 고도의 정보와 분석이 요구된다. 군사시설이나 기반시설 등은 공개되지 않는 정보가 많아 실사 및 평가가 어렵고 특수 목적용 부동산은 대부분 관련 법령의 적용을 받기 때문에, 사전 법률 검토는 필수적이다. 공공성 높은 부동산은 민간 수요가 있다고 하더라도 용도 변경이 거의 불가능하거나 매우 까다로우며 단기 수익보다 장기적 가치 상승이나 정책 방향을 고려한 접근이 중요하다. 그리고 대규모 설비, 유지보수, 공공서비스 연계로 인해 관리비용이 일반 부동산보다 높을 수 있다.

특수 부동산은 흔히 접하기 어려운 분야지만, 국가나 도시의 기능을 유지하는 데 필수적인 자산이다. 단순한 투자 대상이 아닌, 사회적 역할과 의미를 함께 이해해야 올바른 판단이 가능하다. 특히 민간이 참여할 수 있는 복합개발, 공공임대 운영, 도시재생형 특수 자산 등은 점차 새로운 기회로 부상하고 있다. 특수 부동산을 이해하는 것은, 부동산의 진정한 폭과 깊이를 이해하는 중요한 열쇠가 될 것이다. 부동산 초보라면 특수 부동산은 거래를 안 하는 게 좋다. 특수한 목적으로 이용되는 부동산으로 공공성을 가지는 것이 일반적이기 때문이다. 필자도 아직 특수 부동산은 투자를 해보지 못했다. 그만큼 일반적인 거래가 이루어지는 부동산이 아니다.

특수부동산 정리표

구분	예시	주요 특징
공공시설용	학교, 군부대, 소방서, 도서관	공익 목적, 개인 거래 어려움.
종교용 부동산	교회, 사찰, 성당 등	종교활동 공간, 종교법인 소유 많음.
문화·역사용	박물관, 문화재, 고궁 등	보존 대상, 개발 불가 또는 제한
의료용 부동산	병원, 보건소, 요양시설 등	의료법 적용, 용도 제한 존재
기타 특수시설	공동묘지, 철도 용지, 공항 등	일반 용도로 전환 어려움, 관리 필요

부동산 직접 투자와 간접 투자의 이해
부동산 간접 투자는 주식 펀드처럼 쉽다

부동산 투자는 전통적으로 오랫동안 개인과 기업의 자산 형성 수단으로 자리 잡아왔다. 하지만 부동산 투자라고 해서 모두 같은 방식으로 접근되는 것은 아니다. 투자자의 자금 규모, 리스크 성향, 투자 기간, 관리 능력 등에 따라 접근 방식은 크게 직접 투자와 간접 투자로 나뉘며, 이 두 가지 방식은 각각 장단점과 특유의 전략을 요구한다.

직접 투자란 투자자가 부동산을 직접 매입해 소유하고 관리하는 방식을 말한다. 즉, 아파트, 오피스텔, 상가, 토지 등을 투자자가 실명으로 구입한 뒤, 이를 임대하거나 개발해 이익을 얻는 구조다. 국내에서는 전통적으로 부동산 직접 투자가 보편적인 투자 방식으로 자리 잡아왔으며, '내 집 마련', '상가 투자', '토지 매입 후 개발' 등이 이에 해당한다. 주요 예시로는 아파트 구입 후 전월세 임대, 상가 분양 후 상업 임대수익 창출, 토지 구입 후 향후 개발 또는 매각 수익 실현, 건물 신축 또는 리모델링 후 시세차익 등이 있다.

　간접 투자는 투자자가 부동산을 직접 소유하지 않고, 전문 기관이나 금융상품을 통해 부동산에 투자하는 방식이다. 흔히 펀드, 리츠(REITs), 부동산 관련 금융 파생상품 등을 통해 투자하게 되며, 소액으로도 참여할 수 있는 것이 큰 특징이다. 투자자는 자산운용사나 부동산 전문 운용인의 판단에 따라 수익을 배분받는 구조이므로 관리에 직접 개입하지 않아도 된다. 주요 예시로는 리츠(REITs, 부동산 투자 회사) 주식 매입, 부동산 펀드 투자, 부동산 프로젝트 파이낸싱(PF) 채권 투자, 부동산 관련 ETF(상장지수펀드) 투자 등이 있다.

　직접 투자의 장점으로는 투자자가 리모델링, 임대 조건 설정 등 다양한 방식으로 수익을 높일 수 있다. 부동산 가격 상승에 따른 직접적인 자산이 증가하고 담보 대출을 활용한 자산 증대 전략이 가능하다. 실물 자산을 직접 보유하는 안정감이 있다. 단점으로는 진입 장벽이 높고, 대출이 필수적인 경우가 많다. 매각까지 시간이 오래 걸리며, 거래세 등의 비용도 부담된다. 임대인의 책임과 유지관리 스트레스가 따르고, 한곳에 자산이 몰리면 지역 경기 악화 시 위험이 커진다.

　간접 투자의 장점으로는 소액 투자가 가능해 누구나 쉽게 접근할 수 있는 투자 방식이고, 주식 시장처럼 자유롭게 매매할 수 있다. 자산운용 전문가의 판단에 따라 투자되므로 정보력이 부족해도 가능하며, 분산 투자를 할 수 있으므로 다양한 부동산 포트폴리오에 간접적으로 투자할 수 있어 리스크 분산이 용이하다. 단점으로는 금융 시장의 변동성에 따라 수익률이 영향을 받아 수익 예측이 어렵고, 중간 운용기관이 존재해 배당 구조가 복잡해 실제 수익이 제한될 수 있다. 상품 구조가 복잡해 이해도가 부족한 투자자에게는 불리할 수 있다. 실물 부동산을 직접 소유하는 만족감을 누릴 수 없다.

투자 선택 시 고려할 요소로 부동산 투자 방식은 단순한 수익률만이 아니라 투자자의 목적, 자금 사정, 시간 여유, 위험 감수 성향 등에 따라 달라져야 한다. 고액 자산가가 아닌 경우, 간접 투자로 시작하는 것이 부담이 적다. 시세차익을 노릴 것인지, 안정적인 배당 수익을 원할 것인지에 따라 다르다. 직접 투자는 적극적이고 시간이 많이 필요하지만, 간접 투자는 수동적 투자에 가깝다. 부동산 시장에 대한 정보 수집 및 해석 능력에 따라 직접 투자의 성패가 달라질 수 있다. 간접 투자는 지역과 유형의 다양성을 확보할 수 있어 포트폴리오 전략에 유리하다.

부동산 투자에 있어서 직접 투자와 간접 투자는 각각의 방식이 다르지만, 목표는 동일하다. 바로 자산의 안정성과 수익성 확보다. 개인 투자자 입장에서는 두 가지 방식을 병행하거나, 자신의 투자 성향에 맞춰 전략적으로 선택할 필요가 있다. 급변하는 시장 상황에서는 간접 투자를 통해 분산과 유동성을 확보하고, 장기적으로 안정성과 자산 증식을 노린다면 직접 투자를 통해 실물 자산을 보유하는 것이 바람직할 수 있다. 무엇보다 중요한 것은 충분한 이해와 학습, 그리고 꾸준한 시장 분석이라는 점이다.

지금까지는 직접 투자 방식으로 부동산 거래를 했으나 요즘은 간접 투자 방식의 금융상품이 많이 나와서 규모가 점점 더 커지는 상황이다. 선진국에서는 간접 투자 방식이 일반화되어 있으나 아직 우리나라에서는 직접 투자 방식을 선호하고 있는 게 사실이다. 앞으로 우리나라에서도 간접 투자 방식이 많이 활성화될 것으로 생각하며, 간접 투자 방식에 관한 공부도 필요할 것이다. 주식 투자도 직접 투자 방식을 하는 인구도 많지만, 미래에셋에서 펀드 열풍이 한번 불면서 우리나라 주식도 간접 투자 상품의 비율이 많이 늘어났듯이 부동산 간접 투자 방식의 활성화를 기대해본다.

직접 투자와 간접 투자의 주요 차이점

구분	직접 투자	간접 투자
소유 구조	투자자가 실물 부동산 직접 소유	운용사가 자산관리, 투자자는 수익 일부 보유
관리 책임	투자자가 직접 관리(임대, 유지보수 등)	운용기관이 관리
자금 규모	보통 고액 자금 필요	소액으로도 가능
유동성	낮음(매도에 시간 소요).	높음(시장 거래 가능).
수익 구조	임대수익+시세차익	배당수익+주가차익
리스크	지역, 공실, 관리 실패 등 실물 위주 리스크	시장 전반, 금리, 주가 등 금융 리스크

제3장

부동산 기초 지식 총정리

권리 분석의 기초
보이지 않는 위험을 읽는 눈을 가져라

 부동산은 눈에 보이는 외형만큼이나 눈에 보이지 않는 권리관계가 중요하다. 겉으로는 멀쩡해 보이는 부동산도, 권리관계에 문제가 있으면 심각한 분쟁이나 손실로 이어질 수 있다. 특히 등기상으로는 문제가 없어 보여도, 임차권, 유치권, 가압류 등 복잡한 법적 권리가 얽혀 있다면, 실제 사용이나 처분에 큰 제약을 받게 된다. 따라서 권리 분석은 안전한 부동산 거래의 첫 단추이며, 이를 정확히 이해하고 실전에 적용하는 능력은 부동산 실무자의 핵심 역량이라고 할 수 있다.

 권리 분석이란, 특정 부동산에 대해 누가 어떤 법적 권리를 가지고 있으며, 그 권리들의 우선순위가 어떻게 되는지를 확인하는 절차다. 예를 들어, 어떤 부동산이 저당권 설정 상태인지, 세입자의 전입일자는 언제인지, 가압류나 경매 진행 여부가 있는지를 파악함으로써, 구매자가 불이익을 입지 않도록 예방하는 작업이다. 특히 권리 분석은 경매나 공매에서 더욱 중요하다. 최근 전세 사기 사건에 대한 것도 물론 전세를 낸 주인의 문제가 심각하지만, 권리관계를 잘 확인하지 않고 전세로 들어간 것이 원인을 제공한 것이라고 할 수 있다. 공인중개사가 위험성을 알면 중개하지 말아야 하지만, 중개인은 거래가 이루어져야만 수수료를 받는 체계로 되어 있는 게 우리나라 시스템이다. 따라서 무조건 중개사를 믿고 거래할 것이 아니라, 거래 당사자들이 알고 거래해야 사기를 당하지 않는다는 것이다. 권리관계를 잘 모르면 평생 모아둔 재산을 모두 잃을 수 있으므로 그 중요성은 두 번 말하면 입이 아플 정도로 강조해도 부족함이 없다.

권리는 등기부등본에 기재된 권리와 등기되지 않은 권리로 나뉜다. 등기된 권리로 소유권은 해당 부동산을 법적으로 소유한 사람을 뜻하고, 저당권/근저당권은 금융기관 등 채권자가 대출금을 담보로 설정한 권리다. 전세권은 일정 금액의 보증금을 걸고 일정 기간 건물을 독점적으로 사용하는 권리를 말한다. 지상권/지역권은 타인의 토지 또는 공간을 일정 조건하에 이용할 수 있는 권리를 말한다. 가압류/압류는 채권자가 채권 보전을 위해 부동산의 처분을 제한하는 법적 조치를 뜻한다.

주요 부동산 권리 비교표

구분	정의	특징	주요 활용 사례
소유권	부동산을 자유롭게 사용·수익·처분할 수 있는 가장 기본적 권리	완전한 지배권, 매매·증여·상속 가능	부동산 소유자
근저당권	채무 불이행 시 부동산을 경매해 채권을 회수할 수 있는 담보물권	채권최고액 설정, 대출담보 목적	은행 대출 시 설정
전세권	전세금을 지급하고 부동산을 독점 사용·수익할 수 있는 권리	법적 물권, 제삼자에 대항 가능	전세 계약 체결 시
지상권	타인의 토지 위에 건물이나 공작물을 소유하기 위한 권리	토지 소유자와 건물 소유자 분리 가능	건물만 소유할 경우
가압류	소송 전 채권을 확보하기 위해 임시로 부동산 처분을 막는 조치	본안 소송 전 긴급 보호, 효력은 잠정적	빚 독촉, 소송 대비

 등기되지 않은 권리로 임차권(대항력)은 전입신고와 확정일자를 갖춘 임차인의 권리다. 등기하지 않아도 법적으로 보호된다. 유치권은 부동산에 대해 비용을 지출한 자가 그 대가를 받기 전까지 인도를 거부할 수 있는 권리를 말하고, 법정지상권는 토지와 건물이 다른 소유주일 경우, 건물 소유자가 토지를 사용할 수 있는 법적인 권리를 뜻한다. 이러한 권리들은 거래 시 점검하지 않으면 나중에 소송이나 재산상 피해로 이어질 수 있어서 반드시 거래 전에 분석해야 한다. 나중에 부동산 경매를 공부할 때 매우 중요한 요소이기도 하

다. 요즘 전세 사기가 많아 이슈화되었는데, 권리 분석을 잘못해서 전세 들어간 세입자들이 당한 것이다. 꼭 권리 분석을 본인이 직접 할 수 있어야 전세금을 날리는 일이 없을 것이다.

임차권 vs 유치권 vs 법정지상권 비교표

구분	정의	특징	주요 활용 사례
임차권	계약에 의해 타인의 부동산을 일정 기간 사용하고 대가를 지급할 수 있는 권리	채권적 권리, 등기 시 대항력 가능, 사용·수익 목적	주택·상가 임대차 계약 시
유치권	타인의 물건을 점유하고 있으면서, 일정한 채권을 변제받을 때까지 반환을 거부할 수 있는 권리	점유가 필수, 부동산 경매 시 우선 변제 없음.	수리비 미지급 시 수리업자가 건물 점유
법정 지상권	토지와 건물 소유자가 달라질 때, 일정 요건을 충족하면 법에 의해 인정되는 지상권	법률상 자동 성립, 별도 계약 없이 인정	근저당 실행 후 건물 철거 없이 토지 사용 시

권리 분석은 등기부등본만 본다고 끝나는 것이 아니다. 등기에 나타나지 않는 권리도 많으므로 다음의 자료들도 반드시 함께 확인해야 한다. 먼저 전입세대 열람 내역은 주택에 세입자가 있는지, 대항력을 갖춘 임차인인지 확인할 수 있다. 확정일자가 있는 임대차계약서로 우선변제권 여부 판단이 가능하며, 건축물대장은 불법 증축이나 용도 변경을 확인하고, 토지이용계획확인서로 토지의 용도지역, 지구단위계획, 규제 여부를 확인하면 된다. 법원 등기소 경매 정보로 경매 또는 강제집행이 진행 중인 경우 위험 요소가 될 수 있다.

예를 들어, 등기부등본상에는 문제가 없어 보여도, 실제 거주 중인 임차인이 대항력과 우선변제권을 갖고 있다면, 매수인은 보증금을 인수해야 할 수 있다. 이런 사태를 방지하기 위해 사전에 전입 세대 열람과 임대차계약서 확인이 꼭 필요하다.

권리 순위 분석과 인수 여부 판단이 중요한데, 권리 분석에서 가장 중요한 포인트는 권리의 '순위'다. 권리는 설정된 날짜에 따라 우선순위가 정해지며, 후순위 권리는 선순위 권리가 실행되면 무력화된다.

예를 들어 ① 2019년 A은행 근저당권 설정(을구 1순위), ② 2020년 세입자 전입신고 + 확정일자, ③ 2021년 가압류가 있다면 경매 시 A은행이 1순위로 배당을 받고, 세입자는 우선순위에 따라 일부 또는 전부 배당을 받는다. 가압류는 인수되지 않는다. 또한, '말소기준권리'를 중심으로 권리 순위를 파악하고, 그 기준일 이후 설정된 권리들이 경매 시 어떻게 처리되는지를 판단해야 한다. 이를 바탕으로 인수해야 할 권리인지, 소멸될 권리인지 판단하게 된다.

부동산 거래의 본질은 단순히 집을 사고파는 행위가 아니라, 권리를 사고파는 것이다. 따라서 외형적인 조건만 보고 접근하면, 권리의 덫에 걸릴 위험이 크다. 권리 분석은 이러한 법적 위험을 예방하고, 좀 더 안정적인 거래를 가능하게 해주는 필수 절차다. '깨끗한 권리'만이 안전한 부동산 투자로 가는 유일한 길임을 항상 명심해야 한다.

아마 설명이 어려워 이해하기 쉽지 않을 것이다. 나중에 경매를 직접 받아 보지 않더라도 공부를 한번 해보시길 바란다. 많은 사람이 자신이 전세로 사는 집이 경매로 손해를 보고 나서야 부동산 공부를 시작하고, 경매 공부를 하는 경우가 많다. 부동산 공부와 부동산 경매는 부동산을 잘 사고, 부동산을 경매로 사기 위해서 공부하기보다는 부동산으로 사기를 당하지 않기 위해서라도 꼭 필요한 것이다. 나중에 기회가 된다면 누구나 쉽게 경매를 이해할 수 있는 '부동산 경매의 정석'을 꼭 써보고 싶다.

부동산 등기부등본 보는 방법
부동산 등기는 법적 이력서다

부동산 거래나 권리 확인을 위해 가장 먼저 확인해야 할 문서는 바로 등기부등본이다. 등기부등본은 해당 부동산의 법적 상태를 보여주는 일종의 '공식 이력서'로 소유자, 저당권, 전세권 등 중요한 권리관계가 모두 기록되어 있다. 부동산에 대한 정확한 정보 파악은 등기부등본 확인에서 출발하며, 이를 해석할 수 있어야만 안전한 부동산 거래가 가능하다.

소유권, 저당권, 전세권 차이점

구분	소유권	저당권	전세권
정의	부동산을 자유롭게 사용할 수 있는 완전한 권리	담보로 제공된 부동산을 경매 청구할 수 있는 권리	전세금을 지급하고 부동산을 직접 사용·수익할 수 있는 권리
권리 유형	물권(지배권)	담보물권	용익물권

구분	소유권	저당권	전세권
주요 목적	사용·수익·처분	채권 회수 보장	거주 또는 영업 등 사용권 확보
등기 필요 여부	원칙적으로 등기 필요	반드시 등기 필요	반드시 등기 필요
권리 행사 방식	직접 사용하거나 처분	채무 불이행 시 경매 청구	설정 기간 동안 독점적 사용 가능

등기부등본은 크게 세 부분으로 나뉜다. 표제부, 갑구, 을구다. 표제부는 해당 부동산의 기본 사항을 나타낸다. 토지의 경우에는 소재지, 지목(대, 전, 답 등), 면적 등이 기재되고, 건물의 경우에는 건물의 위치, 구조, 면적, 용도 등이 표시된다. 예를 들어 '대구광역시 수성구 범어동 1○3번지 대 150㎡'라고 표기되어 있다면, 해당 토지가 '대(주거용)'로 쓰이는 땅이고, 면적은 150㎡라는 뜻이다. 이 부분은 소유권이나 권리관계보다는 기초 정보를 확인하는 용도다. 특히, 실제 부동산과 등기부등본상의 주소·면적·용도가 일치하는지 확인하는 것이 중요하다.

【 표 제 부 】 (건물의 표시)				
표시번호	접수	소재지번 및 건물번호	건물내역	등기원인 및 기타사항
1	2018년 4월 19일	서울특별시 서초구 서초동 9○7-1 [도로명주소] 서울특별시 서초구 서초대로 2○9	철근콘크리트구조 콘크리트지붕 3층 공동주택 (다세대주택) 1층 167.38㎡ 2층 167.38㎡ 3층 167.38㎡	

갑구는 소유권과 관련된 사항이 기재되는 부분이다. 최초의 소유자부터 현재까지의 소유권 변동 내역이 순차적으로 적혀 있다. 여기에는 소유자 인적 사항(이름, 주소 등), 취득 원인(매매, 증여, 상속 등), 접수 일자 및 접수번호(등기접수일 및 관리 번호), 등기원인일(소유권이 실제로 이전된 날짜)이 적혀 있다. 갑구를 통해 해당 부동산의 실질적 소유자가 누구인지, 소유권이 어떻게 이전되어왔는지 확인할 수 있다. 거래 전에는 반드시 갑구를 통해 매도인이 진짜 소유자인지 확인해야 한다. 또한 갑구에는 소유권 이외에도 가압류, 가처분, 경매 개시 결정 등 소유권을 제한하는 법적 조치들이 기재될 수 있다. 이런 내용이 있다면 해당 부동산의 거래나 권리 행사에 문제가 생길 수 있으므로 주의가 필요하다.

【 갑 구 】 (소유권에 관한 사항)				
순위번호	등기목적	접수	등기원인	권리자 및 기타사항
1	소유권 보존	2018년 4월 19일 제549호		소유자 A 600104-******* 서울특별시 서초구 서초대로 4○길 60, 101동 201호(서초동, ○○ 아파트)

을구는 소유권 외에 저당권, 전세권, 지상권, 임차권 등이 설정된 경우 기재되는 항목이다. 예를 들어 은행에서 대출받은 경우, 그 담보로 설정된 근저당권이 을구에 기재된다. 여기서 확인해야 할 핵심 정보는 다음과 같다.

채권최고액은 실제 대출금의 120~130% 수준으로 기재되며, 우선변제의 기준이 된다. 채권자 정보는 일반적으로 은행이나 금융기관이 채권자로 등록된다. 설정 일자 및 접수번호는 권리의 순서를 따질 때 사용된다. 을구에 저당권이나 전세권 등이 기재되어 있다면, 소유자가 단독으로 재산권을 행사할 수 없을 가능성이 높으며, 특히 매수자는 이전 등기 전 말소 조건을 확인해야 한다.

【 을 구 】 (소유권 이외의 권리에 관한 사항)			
순위번호	등기목적	접수	등기원인	권리자 및 기타사항
1	근저당권설정	2018년 4월 19일 제550호	2018년 4월 19일 설정계약	채권최고액 금60,000,000원 채무자 A 　서울특별시 서초구 서초대로 40길 　60, 101동 201호(서초동, ○○ 아파트) 근저당권자 이○례 750614-******* 　서울특별시 종로구 창덕궁길 100(계동) 공동담보 토지 서울특별시 서초구 서초동 907-1

등기부등본을 볼 때는 날짜 확인이 중요하다. 등기 순서는 접수일 기준으로 판단되며, 선등기자가 권리 우선순위를 가진다. 소유권 외 권리가 있다면, 매수 후에도 채무자의 채무 불이행 시 해당 부동산이 경매로 넘어갈 수 있다. 가등기가 있는 경우, 실제 소유권 이전 가능성이 있으므로 신중한 해석이 필요하다.

부동산 등기부등본은 누구나 열람하거나 발급받을 수 있다. 인터넷 대한민국법원 인터넷등기소(https://www.iros.go.kr)에서 공인인증서 없이도 조회나 발급이 가능하다. 무인발급기 또는 등기소를 방문해 가까운 등기소에서 주민등록번호 없이 주소만으로 조회할 수 있다. 발급 시 '전체 등기사항증명서'를 선택해야 표제부, 갑구, 을구 전체가 포함된 서류를 받을 수 있다.

인터넷등기소 홈페이지

출처 : 대한민국법원 인터넷등기소

　부동산은 서류로 사고파는 자산이며, 그 중심에 등기부등본이 있다. 등기부등본은 단순한 서류가 아니라, 부동산의 권리와 위험을 판단하는 가장 중요한 판단 자료다. 따라서 초보자라고 할지라도 표제부로는 기본 정보, 갑구로는 소유자, 을구로는 부담 권리를 체크하는 기본 틀을 반드시 숙지하고 있어야 한다. 이 작은 습관 하나가 향후 수천만 원, 수억 원의 손해를 막아주는 방패가 될 수 있다. 특히 근저당과 압류 그리고 소유권 확인에 중요한 요소다. 부동산에서 등기부등본을 보는 법은 정말 기초적인 것이다.

3 건축물관리대장 보는 방법
건축물관리대장은 합법성을 보여주는 도면이다

　부동산을 안전하게 매입하거나 임대할 때 반드시 확인해야 할 공적 장부 중 하나가 건축물관리대장이다. 이 대장은 해당 건축물의 '신상명세서'와도 같으며 구조, 용도, 면적, 건축 연도 등 다양한 정보를 담고 있어 부동산의 실체를 확인하는 중요한 자료로 활용된다. 부동산을 볼 때 외형이나 위치만으로는 알 수 없는 정보가 많다. 예를 들어, 겉보기에는 3층 건물 같지만 실제로는 2층까지만 합법적으로 사용 가능한 건물일 수도 있고, 다가구주택인 줄 알았는데 단독주택일 수도 있다. 이런 차이를 명확히 알 수 있도록 도와주는 것이 바로 건축물관리대장이다.

　건축물관리대장은 건축법에 따라 시장·군수·구청장이 관리하는 공적 장부로, 모든 건축물의 제원과 관리 정보를 기록한 문서다. 토지대장이나 등기부등본과 마찬가지로 부동산 거래·임대 시 확인이 필수적인 서류로, 건축물에 대한 기본적이고 상세한 정보가 수록되어 있다. 건축물관리대장과 부동산 등기부등본에 표시된 건물에 대한 정보가 다를 경우 건축물관리대장을 따라야 법적 보호를 받을 수 있다. 등기부등본 생성 이후 건축물관리대장의 오류 수정이나 변경이 등기에 반영되지 않을 경우도 다수 있기 때문이다. 건축물관리대장은 건물의 신체검사표라면, 등기부등본은 소유와 권리의 주민등록등본 같은 역할을 한다.

건축물관리대장, 부동산 등기부등본 비교

항목	건축물관리대장	부동산 등기부등본
관리 주체	지자체(시·군·구청)	법원 등기소
기록 목적	건축물의 물리적 정보 및 관리	부동산의 법적 소유권 및 권리관계
주요 정보	- 건물 위치 - 구조, 용도, 층수 - 연면적, 건축 연도 등	- 소유자 정보 - 저당권, 전세권 등 권리관계 - 거래 이력
확인 용도	건축물의 현황 및 상태 확인	소유권 및 권리관계 확인, 거래 시 필수
주요 활용 사례	- 건물 리모델링 - 용도 확인 - 면적 비교	- 매매, 임대차 계약 - 담보 대출 - 법적 분쟁

건축물관리대장은 온라인과 오프라인 모두에서 확인할 수 있다. 온라인 발급은 정부24(https://www.gov.kr)에서 주소만 입력하면 열람 및 발급이 가능하다. 오프라인은 해당 건물이 위치한 관할 구청 건축과나 동 주민센터에서 신청하면 즉시 발급받을 수 있다.

건축물관리대장의 일반건축물대장은 대부분의 건축물이 이 서식에 해당되고, 집합건축물대장은 아파트, 오피스텔 등 여러 세대가 존재하는 공동주택의 경우 세대별로 구분된 집합건축물대장이 따로 존재한다. 건축물대장 종류 및 용도로 해당 건물이 단독주택인지, 다가구주택인지, 근린생활시설인지 등을 확인할 수 있다. 건축물 명칭 및 주소는 실제 건축물이 위치한 주소와 공식 명칭이 기재되어 있다. 대지면적/건축면적은 해당 건물이 차지하고 있는 땅의 면적(대지면적)과 건물이 실제 지어진 면적(건축면적)을 비교해 확인 가능하다.

구조로는 철근콘크리트(RC), 일반철골(S), 조적조 등 구조 형태를 확인할 수 있고, 층수는 지상과 지하 각각 몇 층까지 있는지를 볼 수 있다. 실제 등록된 층수와 일치하는지 반드시 확인해야 한다. 전체 층의 면적을 합한 값인 연면적도 확인할 수 있는데, 임대나 매입 시 면적 대비 가격을 계산할 때 참고된다. 허가일 및 사용승인일은 건축물의 준공 시점을 파악할 수 있으며, 너무 오래된 건축물은 리모델링 또는 안전진단이 필요한 경우도 있다.

부동산 실전에서는 다음 항목을 특히 주의 깊게 확인해야 한다. 제일 먼저 봐야 할 것이 불법 증축 여부 확인이다. 건축물대장에 기재된 층수나 면적보다 실제 건물이 더 크거나 높다면, 불법 증축의 가능성이 있다. 이 경우 추후 철거 명령이나 이행강제금 등 법적 문제가 발생할 수 있다. 용도와 실제 사용의 일치도 중요하다. 상가 건물로 알고 매입한 건물이 실제로는 주택용(다가구주택)일 수 있고, 반대로 주택처럼 생겼는데 근린생활시설일 수도 있다. 용도 변경 없이 목적과 다른 용도로 사용하는 것은 불법이므로 반드시 건축물대장의 '용도'를 확인해야 한다.

건축물관리대장에는 위반건축물 여부가 표시되는 경우도 있다. 만약 '위반건축물'로 기재되어 있다면 추후 대출, 매매, 신축 등에 불이익이 따를 수 있다. 건축물대장에는 대지권(토지 권리) 여부는 기재되어 있지 않다. 이는 등기부등본에서 따로 확인해야 한다. 특히 아파트, 오피스텔 등 집합건물은 대지권 미등기가 있을 수 있으므로 주의가 필요하다. 대지권 미등기일 경우 대출이 안 나올 수 있으므로 꼭 확인하고, 은행에 대출이 가능한지도 먼저 확인을 해야 위험을 막을 수 있다.

건축물관리대장은 겉으로 보이는 건축물의 외형만으로는 판단할 수 없는 법적·물리적 실체를 명확히 파악할 수 있는 자료다. 등기부등본이 부동산의 법적 권리관계를 보여준다면, 건축물대장은 해당 건축물의 물리적 정보와 합법성을 보여주는 도면이다. 부동산 거래를 하거나 임대 사업을 시작하려는 사람이라면 등기부등본 + 건축물대장 + 토지이용계획확인서를 기본 3종 세트로 숙지하고 접근해야 하며, 이 중 하나라도 무시한다면 리스크가 발생할 수 있다. 안전한 부동산 실천은 항상 서류 확인에서 시작된다.

일반건축물대장

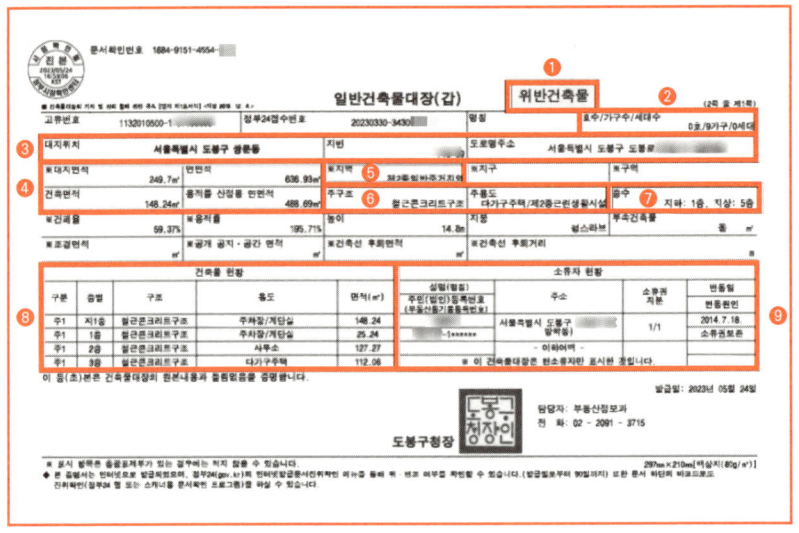

위의 자료는 일반건축물대장갑구다. 1번은 위반건축물을 표시한 것으로 위반건축물이 아닐 경우 표시가 없다. 위반건축물이 표시되어 있다면 거래를 안 하는 게 좋다. 만약 정말 마음에 들어 매입할 경우라면 위반건축물에 대한 정보를 구청에서 알아보고, 위반건축물을 철거하거나 철거해주는 조건으로 거래해야 한다. 2번은 호수/가구수/세대수를 표시하는 것으로 건축물의 규모를 파악할 수 있다. 3번은 건축물의 주소를 표시해준다. 4번은 면적으로, 대지면적과 건축면적을 알 수 있다. 5번은 토지가 어떤 용도로 사용할 수 있는지를 알려주는 용도지역 표시다. 6번은 해당 건축물의 용도와 구조를 알려주는 것이다. 어떤 재료로 건축되었고, 어떤 용도로 사용해야 하는지 알려주는 것이어서 실제 주 용도로 사용되는지도 한번 체크해야 한다. 가끔 상업용인데 주거용으로 사용하거나, 주거용인데 상업용으로 사용하는 경우도 왕왕 있다. 7번은 층수를 표시해주는 것이고, 8번은 건축물 현황을 표시해준다. 마지막으로 9번은 소유자 현황으로 제일 중요한 부분이다. 소유자 현황은 건축물대장과 등기부등본이 같은지도 꼭 확인해주길 바란다.

물론 부동산 중개업소를 통해서 거래한다면 부동산 중개업소에서 체크하겠지만, 부동산 중개업소 소장님도 바쁘다 보니 확인 안 하는 경우도 있다. 또한, 거래를 목적으로 하는 공인중개사나 중개보조인은 틀린 것을 알면서도 말을 안 하고 거래할 수도 있어서 매수자가 한 번 더 공인중개사와 함께 꼼꼼히 체크를 해봐야 할 것이다.

토지대장 보는 법
토지대장은 부동산 관련 행위의 출발점이다

부동산 거래를 하거나 개발계획을 세우고자 할 때 가장 먼저 확인해야 할 서류 중 하나가 바로 '토지대장'이다. 토지대장은 '공간정보의 구축 및 관리 등에 관한 법률'에 따라 작성된 공적 장부로, 일정 토지의 기본적인 현황과 법적 정보를 공식적으로 기록한 문서다. 이는 부동산 거래의 기초 자료로 활용되며, 소유권 관계뿐만 아니라 토지의 용도, 면적, 지목 등 다양한 정보를 확인할 수 있어서 부동산과 관련된 모든 업무에서 중요한 역할을 한다.

토지대장은 보통 표제부, 소유자 명세, 변동 사항 등으로 구성되어 있다. 표제부에는 토지의 위치, 지번, 지목, 면적, 경계 등이 포함되며, 소유자 명세란에는 현재의 실질적 소유자 정보가 기록된다. 또한 소유권 이전, 변경, 분할 등의 변동 사항이 하단에 연속적으로 기록되어 있어서 토지의 이력을 추적할 수 있다는 장점이 있다. 토지대장의 첫 부분에는 토지의 소재지와 지번이 기재되어 있다. 이는 토지를 고유하게 식별하기 위한 정보로서, 다른 서류(등기부등본, 토지이용계획확인서 등)와 반드시 일치해야 한다. 특히 지번이 여러 필지로 분할되었거나, 합병된 경우에는 변동 사항을 통해 그 내역을 확인해야 한다.

지목은 해당 토지가 실제로 어떻게 사용되고 있는지를 나타내는 항목이다. 예를 들어, '대(垈)'는 건축물이 들어선 집터를 의미하며, '전(田)'은 밭, '답(畓)'은 논, '임(林)'은 산림을 뜻한다. 지목은 해당 토지의 용도와 개발 가능성을 판단하는 중요한 기준이 되며, 건축물의 건축 허가 여부에도 직접적인 영향을 미친다. 예를 들어 전이나 답 등의 농지에 건물을 신축하려면 먼저 지목을 '대'로 변경해야 한다. 면적은 토지의 총넓이를 말하며, ㎡(제곱미터) 단위로 표기된다. 계약 전에는 토지대장에 기재된 면적과 실제 측량 면적이 일치하는지를 비교해보는 것이 중요하다. 특히 지적도나 토지이용계획확인서 등 다른 서류와의 면적 차이도 확인해야 한다. 소유자 명세란에는 토지의 실질적 소유자가 누구인지가 기록되어 있으며, 공유지일 경우에는 각자의 지분까지 명시된다. 부동산 거래에서는 소유자와 실제 매도인이 일치하는지 확인하는 것이 필수다. 또한, 소유자가 법인일 경우, 사업자등록번호와 대표자 명의도 확인해야 할 수 있다. 변동 사항은 토지의 과거와 현재의 변화를 알 수 있게 해주는 중요한 정보다. 예컨대 소유권이 이전된 내역이나, 토지 분할·합병, 지목 변경, 면적 변경 등의 사실이 모두 기록되어 있다. 부동산 투자를 고려할 경우 해당 토지에 문제가 있었는지, 어떤 거래가 있었는지를 사전에 확인할 수 있는 중요한 단서가 된다.

토지대장은 오프라인으로는 시·군·구청의 민원실에서 열람하거나 발급받을 수 있으며, 온라인으로는 '정부24(https://www.gov.kr) 사이트' 등을 통해 언제든지 조회 및 출력이 가능하다. 온라인 조회 시에는 지번만 알고 있으면 손쉽게 해당 토지의 정보를 열람할 수 있어 매우 편리하다. 단, 일부 민감 정보는 본인 확인 또는 인증서가 필요할 수 있다.

정부24 홈페이지

출처 : 정부24

토지대장은 단순히 정보 확인을 위한 문서가 아니다. 부동산 거래에서는 소유권 및 지목 확인, 면적 확인, 변동 이력 검토 등을 통해 거래의 안전성을 판단할 수 있으며, 개발계획 수립 시에는 지목, 용도지역, 면적 등을 기반으로 건축 가능 여부나 인허가 가능성을 예측할 수 있다. 특히 토지이용계획확인서와 함께 보면 용도지역, 용도지구, 행위 제한 사항 등을 더 명확히 파악할 수 있어 더욱 효율적인 의사결정을 내릴 수 있다. 토지대장에는 '공부상 정보'가 기록되어 있어서, 실제 현황과 반드시 일치한다고 볼 수는 없다. 예컨대, 공부상 지목이 '답'으로 되어 있으나 현재는 건물이 존재할 수도 있다. 따라서 토지대장 확인 후에는 반드시 현장답사 및 등기부등본과의 교차 확인이 필요하다. 또한, 공동소유 토지일 경우, 전원 동의 없이는 처분이 어려우므로 지분 관계 확인도 필수적이다.

토지대장은 부동산의 기본 정보를 담고 있는 가장 기초적인 서류이자, 모든 부동산 관련 행위의 출발점이라고 할 수 있다. 단순히 수치만 확인할 것이 아니라, 각 항목이 가지는 의미를 정확히 이해하고, 다른 서류와의 상호 비교를 통해 종합적으로 판단하는 게 중요하다. 특히 부동산 거래 시에는 토지대장, 등기부등본, 건축물대장, 토지이용계획확인서를 함께 분석함으로써 좀 더 안전하고 현명한 판단을 내릴 수 있을 것이다.

토지대장

1번은 고유번호, 토지 소재, 지번, 축척을 표시하는 곳으로, 토지마다 붙이는 일련번호, 즉 주민등록번호라고 생각하면 된다. 주소가 나오고 축척은 이 토지의 측량 비율을 말한다. 2번은 지목 토지의 현황을 구분해 등록한다. 3번은 변동 일자, 원인소유권의 변동 사항에 대해 날짜와 원인을 기록한다. 만약 토지대장의 소유주와 등기부등본의 소유자가 다르면 등기부등본의 소유자를 우선한다. 4번은 토지 등급 세금을 매기기 위한 토지 등급이 기록된다. 1996년부터 개별공시지가가 부과되면서 토지 등급은 별 의미가 없어졌다. 5번은 개별공시지가로 양도소득세, 취득세, 등록세 등 국세와 지방세를 산정하는 데 기초 자료로 활용되며, 원칙적으로 매년 1월 1일을 기준으로 한다.

5

토지이용계획확인서 보는 방법
토지이용계획확인서는 땅의 가능성을 보여준다

부동산을 구매하거나 개발할 때 가장 먼저 확인해야 할 문서 중 하나가 토지이용계획확인서다. 이 문서는 해당 토지가 어떤 용도로 지정되어 있는지, 어떤 행위가 가능한지를 명확하게 보여주는 공적 자료로, 일종의 토지 규제 지도라고 할 수 있다. 토지이용계획확인서는 국토의 계획 및 이용에 관한 법률에 따라 토지의 용도지역·용도지구·용도구역 및 기타 규제 사항을 확인할 수 있도록 만들어진 문서다. 이 확인서를 통해 해당 토지가 주거지역인지 상업지역인지, 개발 가능한 땅인지 보전해야 하는 땅인지 등을 파악할 수 있다.

온라인 발급은 토지이음(https://www.eum.go.kr)에서 주소 또는 지번을 입력하면 즉시 열람 및 발급이 가능하다. 오프라인 발급은 시·군·구청 민원실 또는 주민센터에서도 발급 가능하다.

토지e음 홈페이지

출처 : 토지e음

용도지역은 토지의 기본적인 이용 목적을 정해놓은 구분이다. 도시지역은 주거지역, 상업지역, 공업지역 등으로 세분화된다. 관리지역은 농촌·도시 중간 성격의 지역으로 일부 개발이 가능하다. 농림지역은 농업·임업 용도로 사용되는 지역으로, 개발이 제한적이다. 자연환경보전지역은 개발이 거의 불가능한 보전지역이다. 예를 들어, 제1종 일반주거지역이라면 일반적인 주택이 밀집된 주거지로 소형 아파트나 다세대주택은 허용되지만, 대규모 상가는 불가능할 수 있다.

용도지구는 토지에 추가로 부여되는 규제나 혜택을 의미한다(예 : 경관지구, 방화지구, 고도지구). 용도구역은 대규모 개발 또는 제한을 위해 지정된 범위로 개발제한구역(그린벨트), 수산자원보호구역 등이 이에 해당된다. 이 항목들은 개발 가능성과 건축 규모를 제한하거나 허용하는 기준이 되므로, 반드시 꼼꼼히 확인해야 한다.

도로, 공원, 철도, 하천 등이 예정된 경우도 표기된다. 예를 들어, 토지 일부가 향후 도로 부지로 수용될 예정이라면, 건축이나 개발에 제약이 크므로 투자나 매입에 신중을 기해야 한다. 토지를 매입할 때는 내가 원하는 용도의 건축이 가능한지 향후 개발 가능성이 있는지 확인해야 하고, 관리지역이나 도시지역에 속한 땅은 향후 개발이 가능할 가능성이 높다. 개발제한구역(그린벨트), 문화재보호구역 등은 건축행위가 원칙적으로 제한되고 도로, 철도 예정지로 지정되어 있다면 보상 대상이 될 수 있지만 건축은 불가능하다.

토지이용계획확인서는 단 한 장의 문서로 땅의 가능성과 한계를 보여주는 중요한 지표다. 토지의 겉모습에만 의존한 투자는 큰 리스크를 동반할 수 있으며, 모든 개발과 활용은 이 확인서의 내용을 기준으로 판단해야 한다. 부동산 투자는 땅을 이해하는 데서 시작된다. 그리고 땅을 이해하려면 반드시 토지이용계획확인서부터 읽을 줄 알아야 한다. 토지를 거래할 때는 무조건 토지이용계획확인서를 확인해야 한다.

토지이용계획확인서

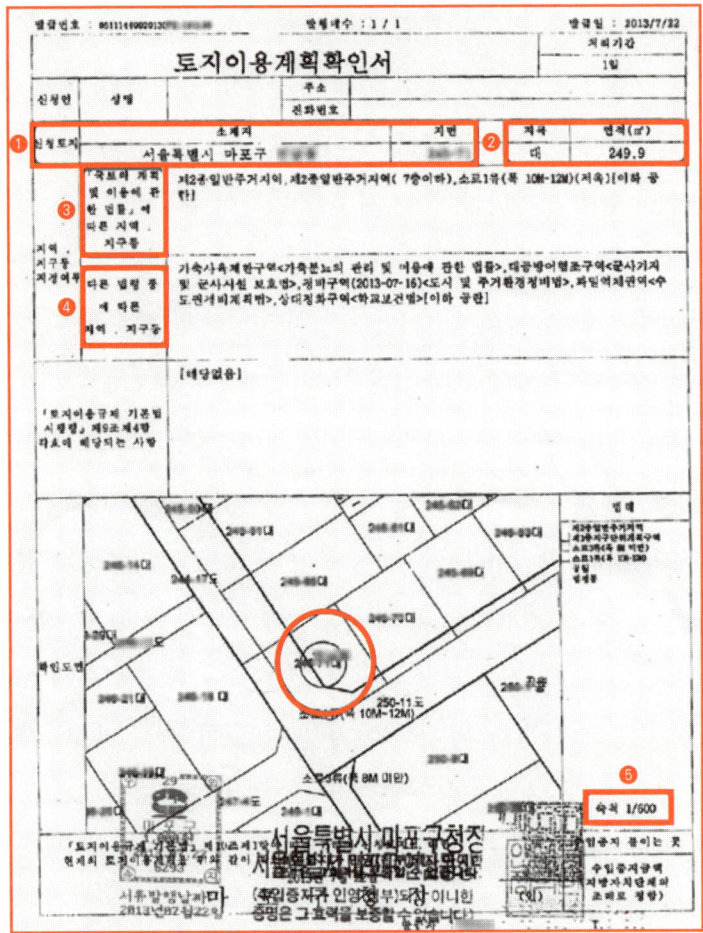

토지이용계획확인서를 발급하면 위와 같이 나온다. 1번은 토지 소재지를 표시하고, 2번은 지목과 면적을 표시한다. 3번은 국토의 계획 및 이용에 관한 법률에 따른 지역·지구 등을 표시하고, 4번은 다른 법령 등에 따른 지역·지구가 나온다. 여기에는 하지 말아야 할 것들이 나오니 아무것도 표시가 없는 게 유리하다. 5번은 왼쪽 토지에 대한 축척으로 실제 크기를 알 수 있는 표시다.

토지이용계획열람

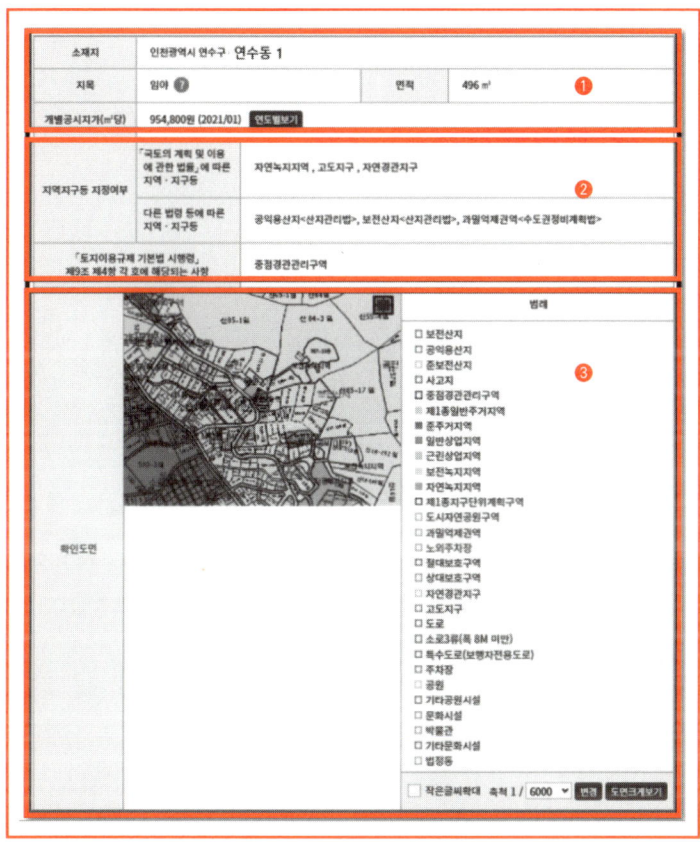

출처 : 토지e음

토지이용계획열람을 보면 1번은 소재지, 지목, 면적, 개별공시지가를 확인할 수 있다. 2번은 국토의 계획 및 이용에 관한 법률에 따른 지역·지구 등에서는 해당 법률에 관한 용도지역, 지구 적용 여부를 확인할 수 있다. 앞의 자료는 '자연녹지지역, 고도지구, 자연경관지구'라고 기록되어 있다. 다른 법률 등에 따른 지역·지구 등에는 국토계획법 외의 다른 법령에 대한 적용 여부와 행위 제한을 표시한 곳으로, 기재가 없는 것이 좋은 것이다. 3번은 확인도면과 범례를 확인할 수 있다. 확인도면에는 축척이 나와 있으니 도면상으로 거리 측정도 가능하다.

건폐율과 용적률 이해하기
건폐율과 용적률은 부동산 가치의 핵심 척도다

부동산 개발에서 가장 자주 마주치고, 동시에 가장 중요하게 작용하는 개념이 바로 건폐율과 용적률이다. 토지 위에 얼마나 넓고, 얼마나 높게 건물을 지을 수 있는지를 결정하는 기준으로, 이 두 가지 수치만 봐도 땅의 개발 가능성과 수익성을 판단할 수 있다. 하지만 많은 초보자들은 이 개념이 어렵게 느껴진다. 복잡하게 계산하는 용어처럼 보이지만, 실은 부동산에서 가장 현실적인 '건축의 한계선'을 그어주는 장치다. 여기서는 두 용어의 개념부터 활용 방법까지 하나하나 쉽게 살펴보자.

건폐율은 대지면적에 대한 건축면적의 비율을 말한다. 쉽게 말해, 땅 위에 몇 퍼센트까지 건물을 '덮을 수 있는가?'를 의미한다. 공식으로는 건폐율(%) = (건축면적 ÷ 대지면적) × 100이다. 건축면적, 즉 건물을 땅에 수평으로 봤을 때의 면적을 말하며, 1층 면적이라고 보면 된다. 대지면적은 해당 토지의 전체 면적을 말한다. 예시를 들어서 100평의 땅에 60평의 1층 건물을 짓는다면, 건폐율은 다음 공식으로 계산된다.

$$(60 ÷ 100) × 100 = 60\%$$

즉, 60%의 건폐율이 허용된 땅에서는 나머지 40%는 공터, 마당, 주차장 등으로 비워둬야 한다는 의미다. 이는 도시의 채광, 통풍, 조망권 보호 등을 위한 공공계획의 일환이다. 건폐율은 용도지역에 따라 차등 적용된다. 일반적으로 주거지역일수록 낮고, 상업지역일수록 높다.

용도지역별 일반적 용적율 기준

용도지역	건폐율(최대)
전용주거지역	50% 이하
일반주거지역	60% 이하
준주거지역	70% 이하
상업지역	70~90% 이하
공업지역	70% 이하
녹지지역	20~30% 이하

용적률은 대지면적에 대한 연면적, 즉 건물 총면적의 비율을 의미한다. 즉, 땅 위에 몇 층까지 건물을 쌓을 수 있는지를 가늠하게 해주는 지표다. 공식으로는 용적률(%) = (연면적 ÷ 대지면적) × 100이

다. 연면적은 지하를 제외한 모든 층의 바닥면적 총합을 말한다. 대지면적은 전체 땅의 면적을 말한다. 예를 들어서 100평의 땅에 1층 50평, 2층 50평, 3층 50평을 지었다면 연면적은 50 + 50 + 50 = 150평이고, 용적률은 (150 ÷ 100) × 100 = 150%다. 즉, 150%의 용적률이 허용되는 땅이라면 대지면적의 1.5배까지 건물을 올릴 수 있는 것이다. 용적률 기준도 용도지역에 따라 다르다. 용도지역별로 일반적 용적률 기준은 아래 자료와 같다. 그러나 만약 직접 건축할 경우라면 자방자치별로 지방자치법률로 정하기 때문에 지방마다 달라 꼭 지방자치단체에 확인해봐야 실수하지 않는다. 용적률이 높다는 것은 더 많은 공간을 사용할 수 있다는 뜻이며 특히 아파트, 오피스텔, 상가 건물 등의 수익형 부동산 개발에서 중요한 수익률 요소가 된다.

용도지역별 일반적 용적율 기준

용도지역	일반적 용적률 기준
제1종 일반주거지역	100~150%
제3종 일반주거지역	200~250%
상업지역	400~1,300% 이상 가능
공업지역	250~400%

건폐율과 용적률은 따로 보지 않고 함께 해석해야 한다. 예를 들어 건폐율 60%, 용적률 200%인 땅이 있다고 가정해보자. 건폐율이 60%면 100평 중 60평까지 건물을 바닥면적으로 덮을 수 있고,

용적률이 200%이면 총 200평까지 연면적을 사용할 수 있다. 그러면 60평짜리 건물을 3층까지 지으면 60 × 3 = 180평까지 가능하고, 4층으로 지으면 60 × 4 = 240평으로 초과되어 불가능하다. 만약 4층으로 지으려면 층당 45 × 3 = 180평으로 지으면 가능하다. 따라서 건폐율은 수평적인 제약, 용적률은 수직적인 제약이라고 볼 수 있으며, 이 두 지표를 통해 건축의 한계선과 개발 시뮬레이션이 가능하다.

실전에서는 이것만 기억하면 된다. 건폐율은 땅 위에서 얼마나 넓게 짓느냐이고, 용적률은 하늘 위로 얼마나 높게 짓느냐라고 생각하면 된다. 두 수치를 알면 지을 수 있는 건물 규모를 알 수 있다. 용도지역에 따라 기준치가 다르며, 이것은 토지이용계획확인서에서 확인 가능하다

건폐율과 용적률은 개발의 룰이자, 부동산 가치의 핵심 척도다. 특히 투자용 땅을 볼 때 이 두 수치가 높을수록 건물의 활용도와 수익성이 높아질 가능성이 크다. 단순히 땅의 위치와 가격만 보지 말고, 그 땅 위에 얼마만큼, 어떤 건물을 지을 수 있는지 먼저 계산해보자. 그 시작이 바로 건폐율과 용적률을 이해하는 것이다. 건폐율과 용적률은 지방자치단체마다 지방단체자치법에 의해 다르니 특히 건축을 위해 매입한다면 꼭 구청 건축과에 확인해야 한다.

공시지가, 실거래가, 감정가의 차이
가격의 차이는 목적이 다르기 때문이다

부동산을 사고팔거나 세금을 계산할 때, 또는 대출을 받을 때 사람들은 '가격'에 대한 개념을 자주 접한다. 그런데 부동산의 가격에는 여러 종류가 있다. 공시지가, 실거래가, 감정가가 대표적이다. 이들은 모두 같은 부동산을 두고도 서로 다른 가격을 나타내며, 각각의 목적과 활용도가 다르다.

공시지가는 정부가 매년 1월 1일을 기준으로 정한 '토지의 단위면적당(㎡당) 가격'을 말한다. 국토교통부가 발표하며, 각 지자체에서 조사한 자료를 바탕으로 감정평가사들이 평가한 가격이다. 공시지가는 표준지공시지가가 있고, 개별공시지가가 있다. 표준지공시지가는 전국에서 선정된 대표적인 '표준지'에 대해 국토교통부가 공시하는 가격, 즉 토지의 기준 가격이 된다. 개별공시지가는 표준지를 기준으로 개별 필지의 위치, 모양, 이용 상황 등을 고려해 지자체장이 결정하는 가격이다. 재산세, 종합부동산세, 취득세, 양도소득세 등 각종 세금의 기준이 되고 개발부담금, 공공기관 보상금 산정, 국공유지 매입 시 기준 가격이 된다.

공시지가는 시장 가격보다 낮게 책정되는 경향이 있다. 보통 실거래가의 60~80% 수준에서 정해진다. 이는 세금 부담 완화, 사회적 수용성 등을 고려하기 때문이다. 다만 최근에는 현실화율을 높여 공시지가를 실거래가에 가깝게 하려는 정책 흐름이 강해지고 있다.

실거래가는 실제 거래된 진짜 가격으로, 부동산이 실제 매매되었을 때 거래 당사자 간에 합의되어 계약서에 기재된 현실적인 가격이다. 이는 가장 현실적인 시장 가격이며, 정부에서는 실거래가 신고제를 통해 이를 투명하게 관리하고 있다. 요즘은 실거래가 신고제를 하는데, 부동산 거래 계약이 체결되면 30일 이내에 관할 시·군·구청에 실거래가를 신고해야 한다. 미신고 시 과태료가 부과되며, 허위 신고 시 형사 처벌까지 가능하다. 활용 목적으로 정부의 부동산 정책 수립, 시장 동향 및 시세 분석, 실수요자와 투자자의 의사결정 자료로 활용된다. 특징으로는 실거래가는 거래 시점의 시장 상황을 그대로 반영한다. 부동산 정보 플랫폼이나 국토교통부 실거래가 공개 시스템을 통해 누구나 확인할 수 있다. 예를 들어, 같은 아파트라도 층수, 방향, 리모델링 여부 등에 따라 실거래가는 달라질 수 있다.

감정가는 전문가가 판단한 평가 가격으로 일정한 기준과 절차에 따라 공인 감정평가사가 산정한 가격이다. 부동산의 위치, 주변 환경, 법적 조건, 수익성 등을 종합적으로 분석해 결정되며, 주로 법적 분쟁, 금융 대출, 공공 보상 등에서 사용된다. 감정평가 방식으로 비교 방식은 유사 매물과 비교해 산정하고, 원가 방식은 토지와 건축물의 비용을 따져 산정한다. 수익 방식은 예상 수익을 기반으로 가치 평가한다. 활용 목적으로 금융기관의 대출 한도 산정, 상속 및 증여 시 평가 기준, 수용·보상·재개발 시 보상 기준이 활용된다. 법원 경매 시 기준 가격 설정 감정가는 시장가와 유사할 수 있지만, 감정 평가사의 주관이 일부 개입될 수 있어 결과가 서로 다를 수 있다. 통상 감정평가는 두 명 이상의 평가사가 각각 평가한 후 평균을 내는 방식으로 객관성을 높인다.

이같이 가격이 다르게 산정되는 이유는 목적이 다르기 때문이다. 공시지가는 행정 편의성과 국민 수용성을 고려해 보수적으로, 실거래가는 시장 상황을 반영해 그때그때, 감정가는 전문가의 판단을 통해 분석적으로 산정된다. 예를 들어, 동일한 아파트를 기준으로 보자면 다음과 같은 경우가 있을 수 있다. 만약 공시지가가 5억 원, 실거래가 7억 원, 감정가가 6.5억 원이면, 해당 아파트를 담보로 대출받을 경우 감정가 기준으로 한도가 정해지고, 보유세는 공시지가 기준으로 계산되며, 매도인은 실거래가를 기준으로 양도세를 납부하게 된다.

부동산을 거래하거나 보유하는 사람이라면 이 세 가지 가격의 차이를 이해하고 전략적으로 활용할 줄 알아야 한다. 매수자 입장에서는 실거래가와 공시지가의 차이를 통해 세금 예측이 가능하고, 매도자 입장에서는 감정가를 통해 적정 매도 가격을 책정하며, 투자자 입장에서는 공시지가 현실화 속도에 따라 세금 부담을 미리 계산할 수 있을 것이다. 특히 재개발·재건축 지역에서는 보상 기준이 공시지가인지, 감정가인지에 따라 수령 금액이 크게 달라지므로, 미리 준비하고 분석하는 것이 중요하다. 보통 감정가로 보면 된다.

부동산의 '가격'은 단순한 숫자가 아니다. 그 안에는 다양한 법적, 경제적, 정책적 의미가 담겨 있다. 공시지가, 실거래가, 감정가, 이 세 가지 가격을 정확히 이해하면, 부동산을 보다 명확히 분석할 수 있고, 매매와 투자, 세금 계산에서 더 유리한 판단을 내릴 수 있다. 가격의 겉모습만 볼 것이 아니라, 그 이면의 의도와 기준까지 꿰뚫어 보는 것이 진짜 실력이다.

공시지가 vs 실거래가 vs 감정가 비교표

구분	공시지가	실거래가	감정가
정의	정부가 고시한 기준가격	실제 거래 시 체결된 가격	감정평가사가 평가한 가격
용도	세금 부과, 보상 기준	매매, 양도세 산정 등	담보 대출, 경매 평가 등
산정 주체	국토교통부 또는 지자체	매수자와 매도자	감정평가사
산정 시기	매년 1~2회 고시	거래 발생 시	의뢰 시점 기준 평가
반영 속도	느림(시장 반영 지연)	실시간 시장 반영	시장 반영 + 보정
활용 예시	재산세, 종부세, 개발보상	부동산 계약서, 등기	대출 담보, 법원 경매

강남구 A아파트 가격 비교(2025년 기준 예시)

항목	가격(원)	산정 기준	활용 목적
공시지가	1,200,000,000	국토교통부 공시 (2025. 1. 1)	재산세, 종부세, 건강보험료, 보상 기준 등
실거래가	1,850,000,000	2025년 4월 거래 계약서 기준	양도세, 취득세, 실제 매매 참고 가격
감정가	1,750,000,000	감정평가법인 B 사무소 감정(2025. 3. 15)	담보 대출 심사, 법원 경매, 협의 보상 등

제4장

입지와 가치 분석의 원리

입지 가치란 무엇인가
입지가 부동산 가치를 결정한다

부동산 투자에서 가장 자주 언급되는 말 중 하나가 '입지가치'다. '로케이션, 로케이션, 로케이션(Location, Location, Location)'이라는 유명한 말처럼, 입지는 부동산의 가치를 결정짓는 가장 핵심적인 요소다. 그렇다면 입지 가치란 정확히 무엇을 의미하며, 왜 이토록 중요하게 여겨지는 것일까?

입지 가치란 부동산이 위치한 장소가 가지고 있는 경제적·사회적·생활적 유용성을 말한다. 쉽게 말해, '그 땅이 어디에 있느냐'가 가져다주는 편의성, 활용 가능성, 미래 성장성 등을 모두 포함하는 종합적인 개념이다. 예를 들어 같은 평수의 아파트라고 하더라도 서울 강남에 있는 아파트와 지방 외곽에 있는 아파트는 가격 차이가 수억 원 이상 날 수 있다. 이는 단순한 건축 자재나 외형의 차이가 아니라, 입지에서 오는 가치 차이 때문이다.

지하철, 버스 등 대중교통이 얼마나 잘 연결되어 있는지, 주요 도로망과의 연결이 용이한지에 따라 입지 가치가 크게 달라진다. 특히 수도권에서는 지하철 역세권 여부가 부동산 가격에 직접적인 영향을 미친다. 마트, 병원, 학교, 은행, 공공기관, 카페, 음식점 등 생활편의시설의 분포는 주민들의 일상에 직결되며, 주거 선호도에 큰 영향을 준다. 특히 교육 여건은 자녀를 둔 가정에서 입지를 선택하는 핵심 기준이 된다. 도보로 이동할 수 있는 상권이나 업무지구, 산업단지와의 거리도 중요한 요소다. 직장과 가까운 곳에 거주하면 출퇴근 스트레스를 줄일 수 있어 선호도가 높다. 상권이 활성화되어 있으면 상업용 부동산의 수익성도 높아진다.

공원, 산책로, 강, 바다 등 자연환경과 조망권도 입지 가치에 영향을 준다. 도심 속에서도 공원이 가까운 아파트는 더 높은 프리미엄을 형성한다. 또한 소음, 악취, 산업시설과의 거리 등 쾌적성 요소도 입지를 평가하는 중요한 기준이다. 향후 도로 개통, 지하철 연장, 대형 복합시설 유치, 산업단지 조성 등 개발계획이 있는 지역은 미래 가치가 높아질 가능성이 크다. 현재는 저평가되어 있어도, 중장기적으로 가격 상승이 기대되는 곳이라면 입지 가치가 잠재적으로 높은 곳으로 볼 수 있다.

입지 가치는 곧 부동산의 가격과 직결되는 핵심 요소다. 건축물은 시간이 지나면 노후화되지만, 입지는 시간이 갈수록 발전할 가능성이 있으며, 일정한 희소성을 갖고 있어서 자산 가치가 유지되거나 상승하기 쉽다. 특히 똑같은 아파트 브랜드나 평수라도 입지 조건에 따라 수억 원의 시세 차이가 발생하는 경우는 흔하다. 또한 부동산 수요는 주로 입지 가치가 높은 지역으로 몰리며, 이는 곧 수요 우위 시장을 형성하게 된다. 수요가 많고 공급이 제한적인 지역은 가격 상승률이 높고, 공실률도 낮다. 반면 입지 가치가 낮은 지역은 공급이 많아도 수요가 부족해 가격이 오르지 않거나 오히려 하락할 수 있다.

입지 가치는 단순히 지도상 위치만 보고 판단해서는 안 된다. 미세한 거리 차이도 큰 차이를 만들 수 있으며, 동일한 행정구역 안에서도 입지 격차가 극명한 경우가 있다. 특히 이런 차이는 상가에서 더욱더 확실하게 나타난다. 실제 도보 이동 거리와 직선 거리, 토지의 고저차, 일조권, 소음원 유무, 행정적 규제나 개발 제한 여부, 학군의 명문 여부와 배정 가능성, 경쟁 부동산과의 상대적 위치 등에 따라 부동산 가격은 엄청난 차이가 발생한다.

특히 아파트인 경우는 어느 향을 향하고 보고 있느냐의 차이, 그리고 몇 층에 위치하느냐의 차이, 한강뷰가 있느냐의 차이로 인해 가격이 몇억 원씩 차이 나는 경우가 많다. 물론 아파트는 남쪽을 향한 아파트가 평가를 잘 받으며, 층수는 탑층을 빼고 고층을 선호하고, 한강뷰 등 뷰가 좋을수록 뷰 프리미엄을 받는다. 토지인 경우는 도로를 몇 미터 물고 있느냐에 따른 차이, 그리고 도로가 남쪽에 있는지 북쪽에 있는지에 따라 토지가격이 변한다. 토지는 토지와 인접한 도로가 넓을수록 좋으며, 도로는 남쪽 도로보다 북쪽 도로를 선호한다. 이유는 집을 지을 때 사선 제한과 일조권 제한의 영향을 덜 받기 때문이다. 이러한 분석은 단순한 시세 비교보다 더 깊이 있는 통찰을 제공하며, 투자자나 실수요자 모두에게 필수적인 기준이 된다.

입지 가치는 부동산의 본질을 꿰뚫는 개념이다. 건물은 지을 수 있지만, 위치는 바꿀 수 없으므로 부동산의 가치는 결국 입지에서 결정된다고 해도 과언이 아니다. 입지를 읽는 능력은 부동산의 현재와 미래를 동시에 읽는 능력이자, 성공적인 투자를 위한 나침반이다. 수치보다 인구 이동을 읽고, 지도보다 현장을 보는 자세가 중요하다. 입지 가치를 제대로 이해하고 분석할 줄 안다면, 부동산 투자는 좀 더 명확한 방향성을 갖게 될 것이다. 그래서 부동산 전문가들이 입지를 그렇게 강조한다. 부동산의 입지가 대부분을 차지한다고 볼 수 있다. '입지가 깡패다'라는 말이 있지 않는가.

부동산 입지의 중요성 정리표

구분	내용	입지가 중요한 이유
가격 형성	위치에 따라 시세 차이 발생	동일한 면적, 구조라도 위치에 따라 수억 원 차이
수요와 공급	좋은 입지에 수요 집중	교통·교육·생활 편의시설 등 입지 요건이 수요를 좌우
수익률	임대수익에 직접 영향	유동 인구 많은 지역일수록 공실률↓, 임대료↑
자산 가치 상승	개발·호재 반영	역세권, 재개발 예정지 등은 입지 개선에 따라 가치 상승
거주 만족도	실거주 시 생활의 질 결정	교통 편의, 학군, 자연환경 등이 삶의 질에 영향

지역 비교 사례로 보는 입지 가치
입지는 시간이 지나면 달라진다

부동산 시장에서 '입지가 곧 자산이다'라는 말이 있을 만큼, 입지는 부동산 가치에 결정적인 영향을 미친다. 입지는 단순한 위치 개념을 넘어 교통, 교육, 상권, 생활 인프라, 개발 호재 등 다양한 요소들이 복합적으로 작용하는 요인이다. 이러한 입지 가치의 차이는 비슷한 조건의 아파트라도 가격과 수요, 미래 가치 면에서 큰 차이를 만들어낸다. 대표적인 예로 경기도 성남시 분당신도시와 경기도 고양시 일산신도시의 아파트를 비교해보면 입지 가치의 중요성을 구체적으로 이해할 수 있다. 같은 1기 신도시이지만 오랜 시간이 지나면서 아파트 가격이 2배 이상 차이가 난다. 이것이 입지의 힘인 것이다.

분당은 서울 강남과의 접근성이 뛰어난 대표적인 1기 신도시다. 특히 분당선과 신분당선, 경부고속도로, 분당~수서 간 도시고속화도로 등을 통해 강남권으로의 출퇴근이 용이하다. 반면, 일산은 서울과의 물리적 거리나 교통 연결 면에서 상대적으로 불리한 위치에 있다. 서울 접근성은 3호선과 자유로, 제2자유로 등을 통해 가능하지만, 교통 정체나 이동 시간 면에서 분당에 비해 뒤처진다. 분당은 학군이 우수하고, 사교육 환경이 강한 지역으로 알려져 있다. 정자동, 서현동 등은 명문 중·고등학교와 학원가가 잘 형성되어 있어 교육 수요가 높다. 또한 백화점, 대형 쇼핑몰, 병원, 공원 등 생활 편의 시설도 고르게 갖춰져 있다. 일산 역시 마두, 백석, 주엽 일대를 중심으로 상권과 학군이 어느 정도 형성되어 있지만, 전반적인 교육 경쟁력이나 브랜드 선호도는 분당보다 낮게 평가되는 경우가 많다.

2024년 기준, 분당 주요 아파트(예 : 정자동 파크뷰, 분당 느티마을 등)는 전용 84㎡ 기준 15~20억 원의 시세를 형성한 반면, 일산 주요 아파트(예 : 마두동 강촌마을, 탄현 위시티 등)는 같은 면적 기준 7~10억 원 수준에서 거래되고 있다. 동일한 규모의 아파트라도 약 2배 가까운 가격 차이가 나는 셈이다. 이는 단지의 차이가 아닌, 입지에 대한 시장 평가의 차이에서 기인한다. 분당은 이미 성숙한 도시이지만, 여전히 신분당선 연장(광교~호매실), GTX A노선(판교 경유), 판교 2·3테크노밸리 등의 개발 이슈가 있다. 이러한 지속적인 개발로 인해 분당의 자산 가치는 안정적으로 유지되며, 추가적인 상승 여지도 열려 있다. 일산은 GTX-A 노선 개통(킨텍스-서울역-강남)이라는 대형 호재가 있지만, 개발 속도가 더딘 편이며, 아직 실질적인 프리미엄 상승으로 연결되기에는 시간이 필요한 상황이다. 또한 상대적으로 노후 아파트 비중이 높아, 전반적인 이미지 개선이 필요하다.

분당과 일산은 모두 1990년대 초반에 조성된 1기 신도시로 비슷한 시기에 출발했지만, 입지와 접근성, 교육·생활 인프라, 개발 연계성 등의 요소에서 차이를 보이며 지금의 시장 평가도 다르게 나타나고 있다. 분당은 '서울 대체 주거지'라는 입지 프리미엄을 바탕으로 고가 아파트 시장을 형성했지만, 일산은 상대적으로 실수요 중심의 중저가 시장으로 머무는 경향이 있다. 이처럼 입지는 단지의 외관이나 연식보다 훨씬 더 결정적인 요소이며, 입지의 차이가 곧 가격의 차이로 이어진다. 실거주든, 투자든, 부동산 선택 시 '어떤 집'보다 '어디에 있는 집'인가를 먼저 살펴봐야 하는 이유가 여기에 있다.

처음에는 일산에 사람들이 가지 않으려고 해서 김대중 대통령은 직접 집을 일산으로 옮기고, 대형학원에 세무조사를 안 하는 조건을 걸어 일산으로 옮기라고 했다는 소문이 있다. 다음 표를 보면 알겠지만, 처음에 분양한 아파트 가격은 같았으나 지금은 가격이 2배 이상 차이가 나는 것을 볼 수 있다. 그만큼 입지에 따른 가격 차이가 시간이 지나면서 차이가 난다. 이것은 강남까지 가는 데 얼마나 시간이 걸리느냐에 따라 가격이 차이가 난다고 보면 된다.

분당 vs 일산 대표 아파트 비교표(전용 84㎡ 기준)

항목	분당 정자동 '파크뷰(느티마을 3단지)'	일산 마두동 '강촌마을 5단지'
위치	성남시 분당구 정자동	고양시 일산동구 마두동
입지 요약	분당 중심부, 백현학군·학원가 인접, 판교 인프라 접근 용이	마두역 도보권, 중앙로 상권 인접, 일산 중심 생활권
학군	정자초, 정자동 학원 밀집지	백석초, 마두중 등 안정적 학군
교통	분당선 정자역, 신분당선·GTX-A (예정)	3호선 마두역, GTX-A(킨텍스 시작) 예정
생활 인프라	현대백화점, 정자동 카페거리, 탄천공원 등 풍부	백석역 상권, 이마트, 일산호수공원 등 인접
전용 84㎡ 실거래가	약 17억 원 내외	약 8억 원 내외
연식	2003년 준공(리모델링 추진 중)	1998년 준공(일부 단지 리모델링 논의)
거래 수요	투자 + 실거주 수요 모두 활발	실거주 중심, 투자 수요 점진적 증가

분당과 일산의 아파트 가격 차이

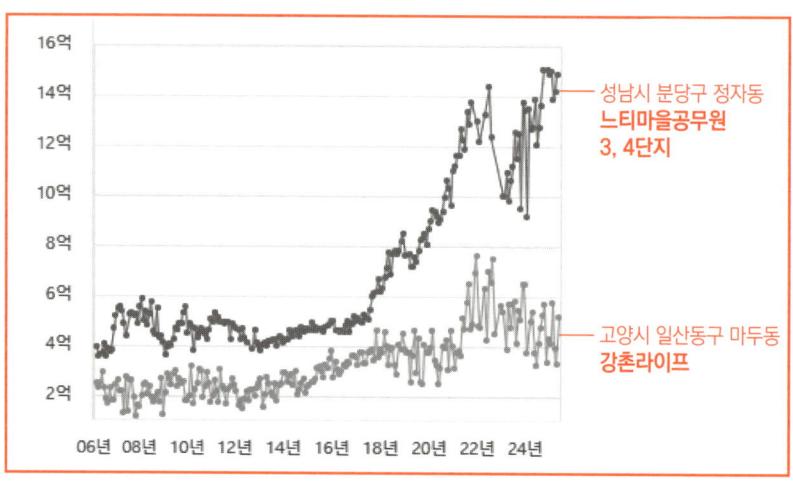

출처 : 아실

좋은 입지와 나쁜 입지
입지는 부동산 투자의 성패를 가른다

부동산 투자에서 가장 중요한 것은 입지의 선택이다. 아무리 좋은 건물, 훌륭한 시공, 세련된 인테리어라도 입지가 나쁘면 수요가 없고, 가치가 오르기 어렵다. 반면, 다소 낡고 오래된 건물이라도 입지가 좋다면 가격은 오르고, 꾸준한 수요가 이어진다. 결국 부동산은 땅의 위치가 전부라고 해도 과언이 아니다.

좋은 입지는 단순히 도심 한복판에 있다는 뜻이 아니다. 시간의 흐름에도 지속해서 사람들이 모이고, 수요가 유지되며, 가치가 오르는 땅이 진정한 좋은 입지다. 다음의 요소들이 결합할 때, 입지는 시장에서 높은 평가를 받는다. 지하철, 버스, 도로망 등 대중교통과 자가용 이동이 편리한 지역, 특히 지하철 환승역, 고속도로IC 근처, BRT 노선 등과 가까운 지역은 우수한 입지로 평가된다. 서울과 수도권에서는 1~2호선, GTX 예정 노선 등이 가치 상승을 견인한다.

대형 마트, 병원, 학교, 금융기관, 관공서, 편의시설 등이 가까이 있고 카페, 음식점, 문화시설 등 라이프 스타일을 반영한 환경도 중요하다. 특히 도보 5~10분 내 생활 인프라가 밀집해 있는 곳은 실거주 선호도가 높다. 명문 초·중·고가 인근에 있어 '학세권'으로 불리는 지역으로 서울 대치동과 목동이 대표적이고, 대구 수성구 범어동이 유명한 고등학교와 학원이 몰려 있는 지역이다. 학군지 인근은 실수요자가 몰리기 때문에 매매가, 전셋값 모두 강세로, 특히 신입생이 들어오는 12월에서 2월까지는 활발한 거래가 이루어진다. 교육열이 높은 지역일수록 지역 프리미엄이 오래 유지되고, 가격이 상승할 때는 많이 오르고 가격이 조정받을 때는 조정을 덜 받는다.

공원, 산책로, 하천, 숲 등 도심 내 자연과의 접근성과 탁 트인 조망권, 일조량, 저층 지역과의 거리 확보 등이 포함된다. 특히 고급 주거지일수록 쾌적성과 프라이버시 확보를 중요시한다. 향후 도로 개설, 지하철 노선 확장, 산업단지 조성, 공공기관 이전 등이 예정된 지역이 어디인지 봐야 한다. 단, 호재는 '계획 단계'가 아닌 '진행 단계'인지 확인해야 한다. 계획이 취소될 수도 있어서 계획만 믿고 투자했다가 낭패를 보는 경우도 있기 때문이다. 주변 정비사업, 재개발·재건축 등이 예정된 구도심도 가치 상승 여력 있다.

나쁜 입지는 현재 불편한 위치만을 의미하지 않는다. 시간이 흘러도 사람들이 오지 않고, 수요가 줄거나 가치가 정체되거나 하락하는 지역을 말한다. 외형적으로 그럴듯해 보여도, 실질적 수요가 없거나 불리한 조건이 지속된다면 나쁜 입지로 분류될 수 있다. 대중교통 접근성이 떨어지고, 도로망도 부족한 지역이다. 버스만 운행되는 외곽 신도시나 지하철 개통이 미정인 지역이다. 특히 출퇴근 시간대 교통체증이 심한 곳은 거주 만족도가 낮다. 마트, 병원, 편의점, 음식점 등 생활시설이 부족하거나 멀리 있는 지역이다. 관공서, 은행 등 행정서비스 이용이 불편한 곳이다. 신도시개발 초기 단계에서 흔히 나타나는 문제이기도 하다. 학군이 약하거나, 학교와의 거리가 멀고 통학이 불편한 지역이다. 과밀학급, 노후된 학교, 사교육 인프라 부족 등이 대표 사례로 뽑힌다.

소음·악취·안전 문제와 철도, 공항, 고속도로 인근 소음 지역도 나쁜 지역이다. 공장, 하수처리장, 쓰레기 매립지 등 혐오시설 인접 지역도 기피 지역으로 생각된다. 치안 불안 지역이나 유흥시설 밀집 지역도 기피 요인이다. 인구가 지속해서 빠져나가는 지방 소도시, 산업 쇠퇴 지역도 마찬가지다. 젊은 층의 이탈이 많은 노후 지역, 고령화가 빠른 동네 등 지방지역이다. 공급이 많고 수요가 줄어드는 구조적 문제를 안고 있는 지역일 것이다.

입지 평가 실질적인 기준(체크리스트)

평가 항목	체크 기준 예시
교통	지하철 도보 10분 이내, 환승역, IC와의 거리
인프라	대형 마트, 병원, 학교, 편의점이 반경 500m 내에 위치
교육	명문 초·중·고 인근, 학원가 밀집 여부
자연환경	공원, 하천, 산책로 등 쾌적한 환경 여부
미래 성장성	지구단위계획, 재개발·재건축 예정지, 신도시계획

입지는 단순히 '지도상 어디에 있는가'를 말하는 것이 아니다. 그 지역이 얼마나 사람을 끌어들일 수 있느냐, 그리고 얼마나 오랜 시간 동안 수요가 유지될 수 있느냐를 따지는 것이다. 좋은 입지는 결국 사람이 모이고, 돈이 돌며, 시간이 흐를수록 더 나은 환경이 되는 곳이다. 투자의 성패는 그 시작점에서 갈린다. 부동산은 결국 입지 싸움이며, 입지를 보는 눈이 곧 투자자의 실력이다. 좋은 입지를 고르는 데 성공했다면, 그 부동산은 스스로 가치를 증명해줄 것이다.

한편 입지는 시간이 지나면서 바뀌기도 한다. 처음에는 강북이 제일 좋은 동네였으나 강남이 개발되면서 평지인 강남이 좋아졌다. 오래전에 강남이 개발될 때는 아무도 안 오려고 했다. 일설에 의하면, 강북에 있는 유명한 고등학교를 강남으로 옮길 것을 정부에서 압박을 했다고 한다. 공무원들에게도 집을 옮길 것을 권유했다고도 한다. 정부의 압박에 억지로 옮긴 고등학교와 공무원들은 시간이 지나면서 오히려 좋아진 것이다.

<응답하라 1988>이라는 드라마의 마지막 장면이 기억난다. 서울 도봉구 쌍문동 반지하에서 살던 성동일 가족은 나중에 집을 팔고 판교로 이사한다. 이삿짐을 실은 트럭 운전사는 "그곳에 가서 농사짓는 것이냐?"라고 묻는다. 당시에는 판교가 개발이 안 된 농지였을 것이다. 그러다가 판교가 개발되면서 추후 보상금을 엄청나게 받았을 것이라는 생각이 들었다. 드라마를 보면서도 땅을 먼저 생각하는 내 자신을 보며, 천성 '부동산 투자자가' 맞구나 하고 웃음을 지었다.

좋은 입지 vs 나쁜 입지 비교표

구분	좋은 입지	나쁜 입지
교통 접근성	지하철역, 버스 정류장 도보권, 고속도로 인접	대중교통 불편, 외곽 지역
교육 환경	명문 초·중·고 인접, 학원가 형성	교육시설 부족, 학군 경쟁력 낮음.
생활 인프라	대형 마트, 병원, 공원, 문화시설 인접	편의시설 부족, 상권 열악
환경	공원, 하천, 쾌적한 자연환경	소음, 악취, 공해 심한 지역
개발 호재	교통망 확장, 신도시개발, 재개발 예정	규제 지역, 개발계획 없음.
수요층	실거주 + 투자 수요 모두 풍부	수요 부족, 공실 위험 큼.
자산 가치	시세 상승 여력 높음.	가격 정체 또는 하락 가능성

지방 도시 간 입지 가치
지방 부동산은 학군이 결정한다

　부동산 시장은 서울과 수도권을 중심으로 주로 논의되는 경향이 있지만, 지방 도시 역시 도시별 입지 여건에 따라 부동산 가치와 시장 흐름에 큰 차이를 보인다. 지방은 수도권과 달리 개발 속도, 지역 경제, 산업구조, 인구변동 등에 더 직접적으로 영향을 받기 때문에, 입지에 따른 부동산 가치 격차가 때로는 수도권보다 더욱 극명하게 드러나기도 한다. 가장 대표적인 지방 대도시로는 부산, 대구, 광주, 대전을 들 수 있다. 이들 도시는 광역시로서 각 지역 경제권의 중심 역할을 하고 있으며, 내부적으로도 입지별로 확연한 가치 차이를 보인다.

　예를 들어 부산에서는 해운대구, 수영구, 남구 등 해안가를 중심으로 한 지역이 높은 입지 가치를 형성하고 있다. 해운대구는 고급 주거지, 관광, 비즈니스 기능이 결합된 지역으로, 해변 접근성, 상권 활성화, 교통망 확장 등 입지 요소가 복합적으로 작용해 부동산 가치가 높게 유지되고 있다. 반면 부산 북구나 사상구 등 내륙지역은 상대적으로 주거 선호도가 낮고 가격 상승률도 제한적이다. 대구를 보면, 수성구가 압도적인 입지 프리미엄을 자랑한다. 수성구는 뛰어난 학군(특목고, 명문학군), 교통 인프라(대구 지하철 2호선), 문화시설, 주거환경 등에서 대구 내 다른 구에 비해 월등하다. 이에 따라 수성구 아파트 가격은 대구 평균 대비 2배 이상 높게 형성되어 있으며, 실수요자뿐 아니라 투자자들의 선호도가 매우 높다.

광주는 남구, 서구를 중심으로 한 생활권이 높은 평가를 받는다. 특히 상무지구(서구)는 행정타운과 업무지구가 밀집된 지역으로, 직주근접 수요가 풍부하고 상권 또한 탄탄하다. 반면 북구, 광산구는 상대적으로 신축 공급이 많고 주거환경이 개선되고는 있지만, 아직 입지 선호도에서는 격차가 존재한다. 대전은 둔산동 일대를 중심으로 부동산 시장이 움직인다. 대전광역시청, 법원, 검찰청 등 행정기관이 밀집한 둔산동은 교통망(1호선, 2호선 예정)과 교육시설, 생활 편의시설이 고루 갖춰져 있어 대전 내 가장 높은 입지 가치를 가진 지역이다. 반면 대전 동구나 대덕구는 상대적으로 노후 주거지 비중이 크고 개발 속도가 더디다.

이처럼 지방 대도시 안에서도 '도시 전체'의 가치가 아니라, 도시 안의 특정 지역, 특정 입지가 부동산 가격과 수요를 좌우한다. 입지의 차이는 단순한 위치를 넘어 교육, 교통, 상권, 자연환경, 정책지원 등 복합적 요소에 의해 결정되며, 이러한 차이가 시간이 지날수록 더욱 크게 벌어진다. 또한 최근에는 광역교통망 확장(GTX, KTX 연장 등),

산업단지 조성, 국가 균형발전 정책 등이 특정 지방 도시와 지역의 입지를 크게 변화시키는 요인으로 작용하고 있다. 예를 들어, KTX 세종역 신설이나 GTX-C 노선 연장은 해당 지역 부동산 가치에 막대한 영향을 미칠 것으로 예상된다.

따라서 지방 부동산 시장을 분석할 때도, 단순히 도시 이름만 보고 접근할 것이 아니라, 도시 내에서도 입지가 세밀하게 다르다는 점을 인식하고, 세부 입지 조건을 분석해야 한다. 지역경제, 개발 계획, 교통 인프라 변화, 인구 유입 등을 종합적으로 고려해 입지 가치를 판단하는 것이 성공적인 지방 부동산 투자의 핵심 전략이라고 할 수 있다.

대구와 광주를 투자해보면 수도권과 달리 학군이 좋은 곳이 모두 대장주다. 수도권은 강남 접근성으로 가격이 달라지나 지방은 학군이 좋은 곳이 제일 잘나간다. 분지로 되어 있는 도시는 1시간 이내이면 어디든지 갈 수 있는 곳이고, 지하철 역세권이라는 것이 큰 역할을 하지 못하기 때문이다. 대구는 수성구 범어동, 광주는 남구 봉선동이 학교와 학원이 밀집되어 있어 부동산 가격이 최고로 높다.

대구 vs 광주 대표 아파트 요약 비교

항목	대구 수성범어W	광주 상무 센트럴자이
입지 지역	수성구 범어동	서구 상무지구
주요 장점	명문학군, 고소득층 거주, 교통·상권 발달	직주근접, 광주시청·상업시설 밀집, 교통 편의
교통 인프라	지하철 2호선, 3호선 접근성	지하철 1호선, 버스 중심
전용 84㎡ 시세	약 13~14억 원	약 7~8억 원
시장 특성	교육 프리미엄 강함, 실수요 집중	직장인 수요 중심, 안정적 실거주 수요
가격 변동성	강한 가격 방어력	비교적 완만한 상승세

교통, 학군, 인프라 분석
부동산 입지를 결정하는 주요 요소들

부동산의 가치는 '입지'에서 결정된다는 말은 이제 상식이 되었다. 그러나 입지를 판단하기 위해서는 무엇을 봐야 할까? 입지를 구성하는 요소는 다양하지만, 일반적으로 가장 핵심적인 기준은 교통, 학군, 그리고 생활 인프라다. 이 세 가지는 실수요자뿐만 아니라 투자자에게도 매우 중요한 판단 기준이 된다.

교통환경은 부동산 입지 평가에서 가장 직관적이면서도 강력한 요소다. 같은 도시라도 교통망의 유무에 따라 시세는 천차만별로 달라진다. 특히 우리나라처럼 수도권 집중도가 높은 나라에서는 서울 중심부와의 접근성이 곧 부동산 가격으로 직결된다. 지하철은 대중교통의 핵심이다. 5~10분 도보 거리 이내를 '역세권'이라고 부르며, 역에서 멀어질수록 부동산 가치가 낮아지는 경향이 있다. 환승역이나 신설역 예정지는 미래 가치가 높고, 그에 따라 투자자들의 관심도 집중된다. 지하철이 없는 지역일수록 버스 노선이 더 중요하다.

출퇴근 시간에 얼마나 다양한 노선이 운행되는지, 광역버스나 급행버스의 유무도 함께 살펴야 한다. 자가용 이용자의 경우 고속도로, 국도, 대로와의 연결성이 중요하다. 특히 IC(인터체인지), 도시고속도로 진출입로와 가까운 부지는 물류 또는 출퇴근 측면에서 높은 가치를 지닌다. 지하철 노선 연장, BRT(간선급행버스), 도시철도 신설 계획 등이 있다면 입지 가치 상승이 기대된다. 단, 계획은 있어도 사업 추진 단계에 따라 실현 가능성이 다르므로 꼼꼼한 확인이 필요하다.

학군은 자녀 교육을 중시하는 실수요자들에게 매우 중요한 요소이며, 특히 아파트 시세에 큰 영향을 미친다. 입지가 좋더라도 학군이 나쁘면 수요가 떨어지고, 반대로 입지가 평범해도 학군이 우수하면 시세가 올라간다. 특정 초등학교, 중학교, 고등학교가 어느 대학에 얼마나 진학시키는지를 분석해보면, 해당 지역의 교육 수준과 분위기를 가늠할 수 있다. 서울 대치동, 목동, 분당의 정자동, 용인의 수지 등이 대표적인 인기 학군 지역이다. 초등학생의 경우, 도보로 10분 안에 안전하게 통학할 수 있는지 여부가 중요하다. 학세권이라는 용어가 생길 만큼, 학교와의 거리도 부동산 가치를 결정짓는 요소다. 아무리 유명 학군이라도 한 반에 30명이 넘는 과밀학급이라면 교육의 질이 저하될 수 있다. 따라서 학생 수, 학급 수, 교사 수 등의 지표도 참고해야 한다. 학원가의 존재도 중요한 판단 기준이다. 대형 학원가가 인접한 지역은 교육에 관심 있는 계층이 몰리기 때문에 부동산 수요가 꾸준히 발생한다.

생활 인프라는 일상에서의 편의성과 직결되며, 실거주 수요와 밀접한 관련이 있다. 잘 갖춰진 인프라는 그 자체로도 입주민의 만족도를 높이고, 공실률을 낮추는 효과를 가져온다. 마트, 은행, 병원, 약국, 음식점, 카페 등 생활의 기본이 되는 시설들이 얼마나 가까운 거리에 있는지가 중요하다. 특히 대형 마트, 쇼핑몰, 종합병원 등은 거주 만족도에 큰 영향을 준다. 도심 속에서도 쾌적한 환경을 누릴 수 있는 공원이 인근에 있다면, 입주민의 만족도가 높다. 산책로나 체육시설, 하천 등이 가까울수록 프리미엄이 붙는 경우도 많다. 도서관, 문화센터, 체육관, 공연장, 영화관 등은 삶의 질을 높이는 요소다. 특히 가족 단위 수요자들이 선호하며, 주말 여가를 즐길 수 있는 공간이 가까울수록 선호도가 높다. 주민센터, 우체국, 세무서, 구청, 경찰서 등이 가까이 있으면 공적 업무 처리가 편리해진다. 특히 고령층이나 자영업자의 경우, 이런 시설의 위치를 입지 판단 기준으로 삼기도 한다.

　부동산의 가치는 외관이 아니라, 그 위치에서 비롯된다. 그리고 그 위치의 가치는 결국 교통의 편의성, 교육의 질, 생활의 편리함으로 환산된다. 이 세 가지 요소는 단순한 체크리스트가 아니라, 사람들의 움직임과 수요를 파악하는 기준이기도 하다. 실수요자는 이 요소들을 통해 자신에게 맞는 삶의 공간을 선택할 수 있고, 투자자는 이를 통해 미래 수요를 예측하고 수익 가능성을 따져볼 수 있다. 좋은 부동산은 단순히 싸거나 넓은 것이 아니라, 사람들이 계속 찾는 곳에 있다. 그리고 그 '찾는 이유'는 교통, 학군, 인프라에 담겨 있다. 부동산은 단순 자산이 아닌 우리 삶이기 때문이다.

부동산 입지를 결정하는 주요 요소들

구분	요소	설명
1. 교통 접근성	도로, 지하철, 버스 등	출퇴근, 통학, 물류 등에 있어 접근성이 뛰어난 지역일수록 선호도 ↑
2. 교육 환경	학교, 학군, 학원가	자녀 교육을 중시하는 수요층에게 매우 중요한 요소
3. 생활 편의시설	마트, 병원, 은행, 공원 등	주변 편의시설의 밀집도와 질이 주거 만족도에 큰 영향
4. 상권 및 유동 인구	상점, 식당, 유동 인구 밀도	특히 상업용 부동산에서 핵심 요소로, 임대수익에 직결됨.
5. 개발 가능성 및 계획	재개발, 재건축, 도시개발 호재 등	미래 가치 상승을 기대할 수 있는 핵심 요인
6. 환경 및 자연 조건	조망, 공원, 하천, 소음, 공해 등	쾌적한 주거환경 제공 여부와 직결됨.
7. 행정 및 정책 요인	용도지역, 규제, 도시계획	건축 가능 여부와 수익성, 투자 안정성에 직접적인 영향
8. 안전성	범죄율, 재해 위험	실거주 만족도 및 투자 리스크와 관련됨.

도시계획과 개발 호재 읽는 법
미래가치를 선점하는 방법이 있다

부동산 시장에서는 '지금보다 좋아질 곳에 투자하라'는 말이 자주 등장한다. 이는 단순한 희망 사항이 아니라, 도시계획과 개발 호재에 대한 정확한 분석에서 출발하는 전략이다. 현재의 가치는 물론이고 미래의 가치까지 예측할 수 있다면, 시장의 흐름보다 한발 앞선 투자가 가능하다.

도시계획은 도시의 기능적, 미관적, 환경적 질서를 유지하고, 미래를 예측해 토지 이용을 체계적으로 조정하는 행정계획이다. 쉽게 말해 도시를 어떤 구조로 만들고, 어떻게 발전시킬지를 미리 설계해놓은 청사진이다. 도시계획의 주요 목적은 주거·상업·공업지역의 균형 있는 배치, 교통·공원·학교 등 기반 시설 확보, 무질서한 개발 방지, 삶의 질 향상 및 지역 간 격차 해소 등이다.

도시계획은 국토의 계획 및 이용에 관한 법률을 중심으로 구성되며, 크게 세 단계로 나뉜다. 국토종합계획(국가 차원), 광역도시계획(도,

광역시 단위), 도시기본계획 및 도시관리계획(시·군·구 단위)이다. 특히 우리가 실전에서 가장 많이 참고하는 것은 도시관리계획이다. 용도지역, 용도지구, 용도구역, 도로계획, 공원계획, 철도 및 역세권 개발 등이 여기에 포함된다.

개발 호재란 특정 지역에 긍정적인 변화를 유도할 수 있는 각종 계획이나 사업을 뜻한다. 이는 수요 유입을 유발하며, 부동산의 가치 상승으로 이어질 가능성이 크기 때문에 투자자들에게 가장 주목받는 정보다. 지하철, 광역철도, BRT 노선 신설 또는 연장, 고속도로 및 도로망 확장, IC 신설, 버스환승센터나 복합환승센터 개발 등의 교통 호재나 산업·고용 호재, 산업단지 조성, 대기업 공장 이전, 첨단 연구소 유치, 스타트업 클러스터 조성 등이 그렇다. 판교테크노밸리, 송도바이오단지 등이 대표적 사례다. 또한 시청, 구청, 경찰서 등 행정기관 이전, 도서관, 공연장, 복합문화센터 건립 등의 행정·문화 시설 호재나 대학 캠퍼스, 대형병원 이전, 도시재생 및 재개발, 구도심 정비, 재개발·재건축 구역 지정, 뉴타운, 도시환경정비사업, 주거환경 개선과 함께 주변 상권 활성화 기대, 복합개발 및 대형 프로젝트, GTX 노선, 철도 민자사업, 공항 신설, 대규모 택지지구 지정 등도 개발 호재다. 고덕강일지구, 세종시, 송도국제도시 등이 대표적이다.

그러나 개발 호재만 믿고 투자했다가 개발 호재가 취소되거나 계속 연장되어 낭패를 보는 경우가 왕왕 있다. 특히 기획 부동산 회사에서 개발 호재를 이용해 개발되지 않는 토지를 10배 가까이 비싼 가격에 조직적으로 텔레마케팅이나 다단계 형식을 빌려 파는 경우가 많아 조심해야 할 것이다.

도시계획과 개발 호재를 읽는 방법은 부동산 실전에서는 단순히 뉴스에 나온 정보를 소비하는 게 아니라, 도시계획도를 직접 보고, 각종 공공자료를 분석하는 것이 중요하다. 확인 방법으로는 토지이용계획확인서 확인, 토지의 용도지역, 용도지구, 용도구역 확인, 향후 개발 제한 여부, 기반 시설 계획 등을 파악할 수 있고, 지자체 도시계획 공개자료 열람, 시청·구청 홈페이지의 '도시계획과', '도시개발과' 자료실, 도시기본계획, 개발계획도, 교통계획도 열람, 국토교통부·LH·SH 등 공공기관 공고 확인, 택지지구 지정, 공공개발 예정지, 청약 계획, 공공기관의 사업계획은 높은 실현 가능성을 가진다.

개발계획은 항상 단계별로 진행된다. 다음과 같이 구분해서 판단해야 한다. 계획 단계로 기본계획 수립, 주민공청회, 타당성 조사, 인허가 단계는 지구 지정, 도시계획위원회 심의, 고시, 착공 단계는 실제 공사 시작, 완공 및 운영 단계로 실현되어 가치가 반영된다. 보통 토지는 계획 단계에서 한 번, 착공 단계에서 한 번, 완공 단계에서 한 번, 총 세 번이 오른다는 설이 있다. 그러나 계획이 있다고 해서 무조건 실현되는 것은 아니다. 따라서 계획이 어느 단계에 있는지를 확인하는 것이 핵심이다.

확정되지 않은 계획은 신중히 접근해야 피해를 피할 수 있다. 뉴스 기사나 루머 수준의 정보는 위험하다. 반드시 관공서 발표 자료나 공문을 통해 검증해야 한다. 투자 시 고려해야 할 것은 이미 시세에 반영된 호재인지, 앞으로 반영될 여지가 있는지를 판단해야 한다. 기대와 현실의 간극을 경계해야 한다. 교통 호재라고 하더라도 정차역이 없거나, 수십 년이 소요되는 경우 기대 수익이 낮아질 수 있다.

도시계획과 개발 호재는 미래의 부동산 가치를 결정짓는 중요한 열쇠다. 하지만 누구에게나 정보는 공개되어 있으며, 그것을 읽고 해석할 줄 아는 사람만이 그 가치를 실제 이익으로 바꿀 수 있다. 단순한 기대가 아닌, 정확한 자료 분석과 실행력 검증을 통해 미래 가치를 읽는 눈을 키우는 것. 그것이 진짜 부동산 투자자의 자세다. 도시계획과 개발 호재를 보는 눈은 미래 가치를 보는 망원경과 같은 것이다.

도시계획, 개발 호재 읽는 법 정리표

구분	예시	핵심 체크포인트
용도지역 변경	녹지 → 주거지역	건축 가능성, 용적률 상승 여부 확인
재개발·재건축	아파트 재건축 추진	추진 단계(조합, 시공사 등) 확인
교통 호재	지하철 신설, 도로 확장	예산 확보, 착공 및 완공 시기
상업시설 입점	대형 마트, 복합쇼핑몰	유동 인구 증가, 상권 활성화 기대
산업단지 개발	공장, 기업 유치	배후 주거 수요 증가 가능성
공공기관 이전	시청, 교육청 이전	지역 중심 기능 강화, 지가 상승 여지

제5장

부동산 가격은 어떻게 결정되는가

수요와 공급의 법칙
시장을 움직이는 보이지 않는 손

경제학에서 가장 기본적이면서도 강력한 원리가 있다. 바로 '수요와 공급의 법칙'이다. 이 원리는 부동산 시장을 포함한 거의 모든 재화와 서비스의 가격 결정에 영향을 미치며, 시장의 흐름과 변동을 이해하는 출발점이 된다. 여기서는 수요와 공급의 개념, 시장 가격이 결정되는 방식, 부동산 시장에서 어떻게 적용되는지를 구체적으로 살펴본다.

수요(demand)란 특정 상품이나 서비스에 대해 소비자가 일정한 가격 수준에서 구매하고자 하는 의지와 능력을 의미한다. 가격이 낮아지면 수요는 늘어나고, 가격이 오르면 수요는 줄어드는 경향이 있다. 이를 '수요의 법칙'이라고 부른다. 예를 들어 아파트 가격이 10억 원에서 8억 원으로 떨어지면, 더 많은 사람이 구매를 고려하게 된다. 주요 수요 요인으로 가격과 소득 수준, 대체재의 가격(전세 vs 매매 등), 미래에 대한 기대(집값 상승 기대 등)가 가격에 영향을 받고, 금리 수준(대출이자)에도 영향을 크게 받는다.

공급(supply)이란 시장에 재화나 서비스를 판매하고자 하는 생산자(혹은 판매자)의 의지와 능력을 말한다. 가격이 오르면 공급은 증가하고, 가격이 내리면 공급은 줄어드는 경향이 있으며, 이를 '공급의 법칙'이라고 한다. 예를 들어 아파트 가격이 상승하면 건설사들은 더 많은 분양을 시도하고, 재건축·재개발도 활발해진다. 주요 공급 요인으로 생산 비용(공사비, 토지비, 인건비 등)과 기술력과 제도(규제 완화 여부), 공급 기간(부동산은 공급 시차가 큼), 정부 정책(공급 확대 정책, 그린벨트 해제 등)에 영향을 받는다.

시장에서 수요와 공급이 만나는 지점이 바로 균형가격(equilibrium price)이다. 이 가격에서 공급자와 소비자는 서로 만족하며 거래를 성사시킨다. 하지만 시장은 언제나 이 균형점에 머물러 있지는 않는다. 수요와 공급의 변화로 인해 가격은 끊임없이 변동하게 된다. 수요보다 공급이 적으면 가격이 상승하고, 공급보다 수요가 적으면 가격이 하락한다. 예를 들어, 특정 지역에 신규 아파트 공급이 거의 없는 상황에서 입주 수요가 급증하면 가격은 빠르게 오르게 된다. 반면 공급이 넘치거나 거래 심리가 위축되면 가격은 하락한다.

부동산 시장에서는 일반 상품과 달리 몇 가지 특수성이 존재한다. 공급의 비탄력성이다. 부동산, 특히 주택의 공급은 시간이 오래 걸린다. 아파트 한 채를 짓기 위해서는 수년간의 인허가, 시공, 분양 과정을 거쳐야 하므로 수요 증가에 즉각 대응하기 어렵다. 부동산 수요는 정부 정책, 금리 변화, 세금 제도, 심리적 요인에 따라 민감하게 반응한다. 특히 매수자들은 '기대심리'에 따라 시장에 진입하거나 이탈하기 때문에 수요는 급격히 늘거나 줄기도 한다. 전국 단위의 수요·공급이 아닌, 지역 단위로 시장이 형성되므로 강남의 공급 부족과 지방의 공급 과잉이 동시에 나타날 수 있다. 부동산 시장은 정부의 규제가 많은 분야다. 분양가상한제, 공급 조절, 대출 규제, 세금 정책 등은 모두 수요와 공급에 인위적인 영향을 미친다. 따라서 수요와 공급의 흐름을 읽는 것은 단순히 숫자를 보는 것이 아니라, 사람의 움직임과 정책 방향, 시장 심리를 해석하는 일이다. 이 흐름을 꿰뚫는 것이 투자자의 가장 큰 무기다.

수요와 공급의 법칙은 부동산 시장의 기본이자 본질이다. 이 원리는 언제나 유효하며, 일시적인 정책이나 유행보다 훨씬 더 깊고 강력하게 시장에 작용한다. 수요가 살아 있고 공급이 제한된 곳은 반드시 가격이 오른다. 반대로 수요가 줄고 공급이 넘치면 어떤 지역이든 하락할 수 있다. 시장의 움직임은 숫자가 아닌 사람에서 시작되며, 그 사람들의 욕망과 현실이 만나는 곳에 바로 수요와 공급의 진실이 있다. 이를 이해하는 것이 곧 시장을 이해하는 길이다. 수도권으로 몰리는 인구 중 어느 지역에 인구가 많이 늘어나는지를 잘 보자. 장기적으로 오를 수밖에 없는 구조이기 때문이다. 최근 인구가 늘어나는 지역은 경기도, 인천, 세종, 충남 정도다. 나머지는 모두 인구가 줄어들고 있다. 그러나 중요한 것은 인구는 줄어들지만, 핵가족 시대가 되면서 가구 수는 모두 늘어난다는 사실이다. 가구 수가 늘어난다는 것은 그만큼 집 수요자가 늘어난다는 것이다.

부동산 수요와 공급의 법칙

구분	설명	예시
수요 증가	수요가 늘어나면 가격이 상승함.	GTX 개통 예정 지역, 학군 인기 지역 → 매수자 증가 → 집값 상승
수요 감소	수요가 줄어들면 가격이 하락함.	고령화·이탈 인구 많은 지방 중소도시 → 수요 감소 → 집값 하락
공급 증가	공급이 늘어나면 가격이 하락함.	신도시 대규모 입주 시작 → 공급 과잉 → 전세·매매가 하락
공급 감소	공급이 줄어들면 가격이 상승함.	재개발·재건축 지연, 규제 강화 상승 → 신규 물량 감소 → 매물 희소성 → 가격 상승

금리, 정책, 경기가 부동산에 미치는 영향
부동산 시장을 움직이는 외부 변수들

 부동산 시장은 단지 수요자와 공급자의 자율적인 선택으로만 움직이지 않는다. 금리, 정부 정책, 경기 상황이라는 외부 요인은 부동산 시장의 흐름을 결정짓는 강력한 힘이다. 특히 우리나라처럼 부동산이 국민 자산의 큰 비중을 차지하는 사회에서는 이 세 가지 요인이 단기 시장은 물론, 중장기 시장까지 흔들 수 있다. 금리는 자금의 사용 비용이다. 낮은 금리는 돈을 빌리기 쉽게 만들어 소비와 투자를 자극하고, 높은 금리는 대출의 부담을 키워 자산 시장을 위축시킨다. 대출이자가 낮아지면 더 많은 사람이 자금을 빌려 부동산을 구입할 수 있다. 전세자금대출, 주택담보대출이 쉬워지면서 실수요자뿐 아니라 투자자도 시장에 진입한다. 이에 따라 수요가 폭발하면서 가격이 상승하는 경향을 보인다. 2020년에서 2021년 코로나 시기 기준금리 0.5% 시대, 수도권 아파트 가격은 급등세를 보였다.
 금리 인상기의 부동산은 이자 부담이 커져 대출 수요가 줄고, 매수 심리가 위축된다. 기존 보유자들도 이자 상환 부담으로 인해 매물을 늘리게 되며, 시장 침체로 이어진다. 전세 시장에서는 금리 상승 시 월세 선호가 늘어나기도 한다. 금리는 수요를 조절하는 간접적인 조타수이며, 장기 대출에 의존하는 부동산 시장에 즉각적인 영향을 주는 민감한 변수다.

정부는 부동산 시장의 과열이나 침체를 막기 위해 세금, 대출, 공급, 규제 등 다양한 수단을 활용한다. 우리나라 부동산 시장은 특히 정부 정책에 민감하게 반응하는 특성이 있다. 수요 억제 정책으로는 대출 규제로 LTV·DTI·DSR을 강화해 대출 한도를 축소한다. 세금 강화로는 양도세 중과, 종합부동산세를 인상한다. 다주택자 규제도 실시하며 투기과열지구 지정, 청약 제한, 양도세 중과, 취득세 중과 등 정책을 펼친다. 이에 따라 투자 수요가 급감, 거래량 감소, 가격 조정으로 이어진다.

수요 유도 정책으로는 생애 최초 구입자, 무주택자에 대한 대출 혜택을 확대한다. 전세자금대출, 청년·신혼부부 대출을 완화하고 취득세 감면, 종부세 완화 등을 통해서 실수요 진입장벽을 낮추고, 시장 활력을 유도한다. 공급 중심 정책으로 신규 택지 개발, 신도시 조성을 개발하고 재건축·재개발 규제를 완화해 공급을 확대하는 정책을 펼친다. 분양가 상한제 도입으로 가격을 낮춰 공급 확대로 장기적으로는 가격 안정 효과가 있으나, 단기적으로는 심리 변화에 영향을 준다.

정책은 시장을 조정하는 의도적 개입 수단이며, 시장 참여자들의 심리를 좌우하는 가장 직접적인 외부 변수다. 부동산은 경기에 매우 민감한 자산이다. 경기가 좋으면 소득이 늘고, 소비가 활발해지며, 기업과 가계 모두 투자에 적극적이다. 반면 경기가 침체되면 부동산 시장도 위축된다. 경기 호황기에는 실업률 감소, 소득 증가로 주택 수요가 증가하며 기업의 투자를 확대해 상업용 부동산이 활성화된다. 금융 유동성 확대를 통해서 부동산 시장으로 자금이 유입하게 된다. 경기 침체기에는 실직 또는 소득이 감소해 주택 구매 여력이 약화되며, 불확실성 증가로 인해 자산 투자가 위축되어 부동산 구입을 하지 않게 된다.

금리 인상과 맞물릴 때는 부동산 급락 가능성이 있다. 글로벌 금융위기(2008년), 코로나19 초기(2020년)는 경기 침체와 함께 부동산 거래량 급감 사례로 기록된다. 그러할 경우 정부에서는 금리 인하와 부동산 규제를 완화해 부동산 활성화 정책을 하게 된다. 경기는 부동산 시장에 영향을 주는 거시적 배경이다. 장기적으로 가격 흐름을 형성하고, 수요와 공급의 속도를 조절한다.

금리, 정책, 경기는 부동산 시장을 움직이는 세 가지 큰 물줄기다. 각각은 독립적으로 작용하기도 하지만, 때로는 서로 맞물려 더 큰 파동을 만들어내기도 한다. 저금리와 완화 정책이 겹치면 급등장이 오고, 고금리와 규제 강화가 겹치면 급락장이 온다. 부동산 시장을 분석할 때는 지역의 입지와 개별 요소뿐만 아니라, 이러한 외부 요인의 흐름도 반드시 함께 살펴야 한다. 시장을 지배하는 것은 단지 수요자와 공급자가 아니라, 그들이 반응하는 외부 환경의 변화이기 때문이다. 부동산은 수요와 공급의 법칙뿐만 아니라 외부 요인에 영향을 미친다는 것을 알아야 한다. 대표적인 게 국내 1997년 IMF와 국외 미국의 2007년 서브프라임 모기지 사태다.

금리, 정책, 경기가 부동산 시장에 미치는 영향

구분	금리 상승	금리 하락	정책 강화 (규제)	정책 완화	경기 호황	경기 침체
부동산 수요	감소	증가	감소	증가	증가	감소
부동산 공급	정체/감소	증가	감소	증가	증가	감소
가격 영향	하락 압력	상승 압력	하락 압력	상승 압력	상승	하락
거래량	감소	증가	감소	증가	증가	감소
투자 심리	위축	개선	위축	개선	개선	위축

부동산 버블과 그 징후들
부동산은 영원한 상승도 없고, 영원한 하락도 없다

　부동산 시장은 장기적이고 안정적인 흐름을 지닌 자산 시장이지만, 때때로 지나친 가격 상승으로 인해 '버블'이라는 위험에 직면하게 된다. 부동산 버블이란 부동산의 실질 가치보다 가격이 과도하게 상승한 상태를 의미하며, 외부 충격이나 시장 심리 변화에 따라 급격한 하락이 발생할 수 있는 불안정한 시장 상황을 말한다. 이는 단순히 가격이 상승한 것과는 구별된다. 버블은 일정한 근거 없이 수요가 과열되고, 시장 참여자들의 기대 심리가 과도하게 작용해, 결과적으로 실물경제와 동떨어진 가격 형성이 이루어진다는 점에서 심각한 문제로 이어질 수 있다.

　이 때문에 정부에서 너무 버블이 형성되면 부동산 규제 정책이 나오는 것이다. 이러한 버블 형성으로 인해 세계적인 문제가 일어나기도 한다. 대표적인 게 미국의 모기지 사태다. 미국의 모기지 사태로 인해서 전 세계가 경제적 타격을 입은 적 있다. 우리나라에서는 미국이나 일본처럼 과대한 대출로 인한 버블은 없었으나 다른 나라에 비해 부동산에 대한 자산규모가 크므로 부동산에 대한 욕망이 크다. 이 때문에 버블 형성으로 인한 상승과 하락이 심하다. 2025년 현재는 버블로 인한 조정 국면에 있다고 보면 된다.

부동산 버블은 일반적으로 저금리, 풍부한 유동성, 제한된 공급, 미래 가격 상승 기대감이 복합적으로 작용하면서 형성된다. 시장에 유입된 막대한 자금은 투자처를 찾게 되고, 부동산은 그 안정성과 자산 보호 기능으로 인해 주요 투자 대상으로 선택된다. 여기에 공급이 부족하거나 제약이 가해진 상황에서 수요가 몰리면 가격은 가파르게 상승하게 된다.

이 시점에서 중요한 역할을 하는 것이 바로 심리적 요인이다. 사람들이 "지금 안 사면 평생 못 산다"라는 불안과 "더 오를 것"이라는 기대감으로 매수에 나서면서, 실수요뿐 아니라 투자 및 투기 수요까지 급격히 증가한다. 이때부터는 수요와 공급의 경제적 균형보다는 심리에 의한 가격 상승이 주를 이루게 되며, 이 현상이 지속되면 버블로 전환된다.

부동산 시장의 버블을 판단할 수 있는 징후는 여러 가지가 있다. 이를 미리 감지하고 분석하는 것은 투자자나 정책 입안자 모두에게 중요하다. PIR은 주택 가격을 가계의 연간 소득으로 나눈 지표로, 일반적으로 4~6배 수준이 정상적이다. 하지만 버블 국면에서는 이 수치가 10배 이상으로 치솟기도 한다. 이는 곧 실수요자의 구매 여력이 사라지고 있다는 신호다. 매매가 대비 전세가 비율이 급격히 하락하는 것도 버블의 대표적 징후다. 실거주 수요보다 자산으로서의 기대 수익에 의해 매매가가 상승하고 있다는 뜻이다. 전세가율이 50% 이하로 떨어진다면, 실거주 수요보다 투자 수요가 지나치게 많아졌다는 것을 의미한다.

버블 시기에는 거래량이 단기간에 폭증하는 현상이 발생하며, 이는 주로 투자 수요가 몰리는 현상에서 기인한다. 그러나 이후 거래량이 급격히 줄어드는 '거래 절벽'이 나타나면 버블 붕괴의 초기 신호로 해석된다. 통상적으로 금리가 인상되면 대출 비용 증가로 인해 부동산 수요는 줄어들게 마련이다. 그러나 금리 인상기에도 불구하고 가격이 상승세를 이어가는 경우, 시장 내 투기성 자금 유입이 강하다는 신호로 볼 수 있다. 분양 아파트의 실입주율이 낮아지고, 실거주보다는 투자 목적의 거래가 늘어날 경우 시장의 거품 가능성이 커진다. 특히 갭 투자 비율이 높아지고 공실률이 증가하면 시장 건전성은 급속히 약화된다.

버블은 언젠가 꺼지기 마련이다. 문제는 버블이 꺼지는 순간, 시장 전체가 급격한 하락세를 보이면서 가계의 자산 가치 하락, 금융권 부실 증가, 건설업체 부도, 지역경제 침체로 이어질 수 있다는 점이다. 2007년 미국의 서브프라임 모기지 사태는 바로 이러한 부동산 버블 붕괴의 대표적인 사례로, 부동산 관련 자산 가치의 급락이 전 세계적인 금융위기로까지 확산되었다. 버블 붕괴는 보통 정부 정책의 급격한 전환, 금리 인상, 수요 급감, 금융 위축 등의 외부 요인과 결합해 일어난다. 이 시기에는 시장의 유동성이 급속도로 말라붙으며, 부동산은 더 이상 매력적인 자산이 아닌, 매도자와 매수자 모두가 회피하는 위험 자산이 된다.

부동산 시장은 장기적이고 안정적인 흐름을 보이기도 하지만, 과도한 기대와 유동성에 의해 쉽게 흔들릴 수 있다. 특히 수익만을 좇는 투자 심리가 과열되고, 실수요와 괴리된 거래가 이어진다면, 그것은 단지 '활황'이 아닌 '거품'일 수 있다. 중요한 것은 시장의 흐름을 냉정하게 바라보는 눈이며, 데이터를 기반으로 한 분석이다. 버블을 피하는 가장 좋은 방법은, 과열기에 신중함을 유지하는 것이다. 실거주와 장기적 안목이 부동산 시장에서 살아남는 가장 강력한 무기가 된다.

부동산 투자자들이 상승장을 맛보고 과도하게 투자하는 경우가 많다. 그러다가 하락기가 되면 엄청나게 힘들어하는 경우가 많다. 상승장에 부동산 투자 법인이 늘어나다가 하락기가 되면 부동산 투자 법인이 모두 문 닫는 경우도 많다. 상승장에 투자했다면 하락하는 시기가 오기 전에 투자한 부동산은 모두 빠른 매도를 해야만 하락장에서 파산하는 것을 막을 수 있다. 그렇다고 내가 거주하는 아파트까지 하락장에 매도할 필요는 없다. 부동산은 거주와 투자를 철저하게 구분해야 한다는 것을 명심해야 한다.

부동산 버블과 주요 징후 10가지

구분	버블 징후	설명
1	가격의 급격한 상승	단기간에 실수요를 초과한 가격 급등 현상 발생. 연간 10~20% 이상 상승은 주의 신호
2	실수요보다 투자 수요가 많아짐.	실거주보다 시세차익을 노린 투자자 비중이 많아짐. 갭 투자·영끌 투자 확대
3	소득 대비 집값 비율(PIR) 과도	일반 소득자가 감당하기 어려운 수준까지 집값이 상승함. PIR이 10배 이상일 경우 위험
4	공급 과잉 현상	개발 붐으로 인해 신축 아파트·분양 물량이 폭증, 수요보다 공급이 많아짐.
5	과도한 레버리지(대출) 사용	주택담보대출 비중 급증, 부채로 집을 사는 경우가 많아짐.
6	전세가율 비정상적으로 낮음.	매매가에 비해 전세가가 현저히 낮을 경우, 실수요보다 투기수요로 가격이 부풀려졌다는 의미
7	언론·커뮤니티 과열 분위기	'지금 아니면 못 산다', '영원히 오른다' 등 비이성적 낙관론 확산
8	금리 인상기에 가격이 계속 오름.	금리 인상은 일반적으로 수요를 위축시키는데도 불구하고 가격이 오를 경우 버블 가능성 높음.
9	정부 규제에도 불구하고 상승 지속	세금·대출·공급 규제를 강화해도 시장이 과열되면 비정상적 신호로 볼 수 있음.
10	거래량 급감 후 가격 정체	수요가 사라지며 거래가 급감하고, 이후 가격 하락으로 전환되는 초기 징후

버블 이후의 시장 회복 단계
부동산은 반드시 회복한다

　부동산 시장은 일정한 주기를 가지고 순환한다. 그 주기 중에서도 가장 주목해야 할 단계가 바로 버블 붕괴 이후의 회복 과정이다. 버블이 터진 직후 시장은 급격한 냉각기에 접어들며, 거래가 실종되고, 가격은 조정되며, 심리는 얼어붙는다. 이 시기를 지나 시장이 다시 회복되기까지는 시간과 조건이 필요하다. 단순한 가격 반등을 '회복'이라고 부르기보다는, 수요·공급·심리·정책이 조화를 이루며 시장이 건강한 상태로 복원되는 과정을 이해하는 것이 중요하다.

　버블이 꺼지면 가장 먼저 나타나는 현상은 가격의 급격한 하락이다. 매수자는 관망세로 돌아서고, 매도자는 손실을 감수하지 않으려 하며, 거래는 급감한다. 이 시기의 특징은 '거래 절벽'과 '매물 적체'다. 실거래가가 급락하고, 호가와 실거래가 간 격차도 커진다. 대출이자 부담이 큰 투자자나 갭 투자자는 손해를 감수하고 급매를 내놓는 경우도 늘어난다. 이 시기는 보통 심리적 공포가 시장을 지배하며, '집값은 계속 떨어질 것'이라는 비관론이 팽배해진다. 투자한 부동산이라면 하락기가 되어 매도하려면 매도가 안 된다. 따라서 하락기가 오기 전에 매도해야 할 것이다.

이후 일정 기간이 지나면 가격 하락 속도는 점차 둔화되고, 일부 지역에서는 가격이 안정세를 보이며 '바닥'을 다지기 시작한다. 거래량은 여전히 낮지만, 실수요자 중 일부가 다시 시장에 관심을 보이기 시작한다. 이 시기의 핵심은 시장의 바닥 신호를 어떻게 해석하느냐에 달려 있다. 정부는 이 시점에서 부동산 시장 연착륙을 위한 정책을 시행하기 시작하며, 금리 조정, 세제 혜택, 대출 규제 완화 등으로 서서히 수요 회복을 유도한다.

시장이 안정세를 보이면, 다시 거래량이 증가하기 시작한다. 이때 나타나는 거래는 대부분 실수요에 기반한 '선별적 진입'이다. 자산 가치 하락이 멈췄다고 판단한 실거주자들이 시장에 진입하면서 국지적 회복이 시작된다. 다만, 이전과 같은 급등장은 아니며, 소폭의 가격 상승과 거래 정상화가 중심이다. 입지와 상품성이 우수한 지역부터 회복 조짐을 보이고, 이 흐름이 점차 인근 지역으로 확산된다. 미분양 아파트가 줄어들기 시작하고, 전세가가 상승하기 시작하는 단계다. 이 시기가 도래되면 실사용자들은 더 떨어질 것을 기대하지 말고 내 집 마련을 꼭 해야 한다.

거래량과 가격이 안정적으로 상승하며, 시장 전반에 대한 신뢰가 복원된다. 실수요뿐 아니라 일부 투자 수요도 다시 유입되며, 공급 측면에서도 신규 분양이 재개되고 건설 경기도 회복된다. 이 시기는 경제 지표 전반이 개선되고, 고용률·소득 증가 등 거시경제적 여건이 뒷받침되며 나타난다. 다만 정부는 이 시점에서 다시 과열 조짐이 없는지를 감시하며 정책적 균형을 추구하게 된다.

회복 속도는 조건에 따라 다르다. 버블 붕괴 이후 회복까지의 시간은 상황에 따라 다르다. 외부 경제 여건, 금리 수준, 정부의 정책 대응, 시장 내 공급 물량, 그리고 심리적 요인까지 복합적으로 작용한다. 예를 들어 일본은 1990년대 버블 붕괴 이후 장기 침체에 빠져들었고, 회복까지 수십 년이 걸렸다. 그러나 일본도 다시 부동산이 회복하고 있고, 선진국도 적극적인 금융정책과 수요 부양을 통해 비교적 빠른 회복을 이룬 바 있다.

부동산 폭락론자는 일본에 빗대어 한국 부동산도 일본처럼 폭락할 것이라고 주장하나 그러한 주장은 벌써 20년 전부터 폭락론자들이 주장한 것이다. 당시 일본은 부동산 상승이 300% 폭등했고, 대출도 110%를 해주는 위험한 모험을 했으나 우리나라는 그에 비해 정부 정책으로 인해 항상 상승 후 조정을 반복해서 그렇게 리스크가 크지 않다. 너무 부정적인 면만 보면 불안할 수 있으니 조심해야 할 것이다.

부동산 시장의 회복은 단지 가격이 다시 오르는 것이 아니라, 신뢰와 수요의 회복, 거래 정상화, 정책과 시장의 균형이 함께 이루어져야 가능하다. 버블 이후 시장은 더 신중하고 구조적으로 움직이며, 회복은 조용히 시작된다. 중요한 것은 그 흐름을 읽고, 단기적 변동성에 휘둘리기보다는 장기적 관점에서 균형 잡힌 안목을 갖는 것이다. 이 전반적인 것을 '부동산 벌집순환모형'이라고 한다. 다음 장에서 벌집순환모형에 대해서 정리를 해보겠다.

부동산 버블 이후 회복단계의 특징

항목	회복단계의 특징
거래량 증가	침체기보다 거래가 서서히 늘어남.
가격 안정화	급락세를 멈추고 점진적으로 가격이 회복됨.
실수요 중심	투기보다는 실거주 및 실수요자의 매입이 활발해짐.
정책 변화	정부의 부양책 또는 규제 완화가 나타나기도 함.
심리 회복	시장 참여자들의 불안 감소, 신중한 낙관론 형성

부동산 벌집순환모형이론
부동산, 이것만 알면 실패하지 않는다

　부동산 벌집순환모형(Housing Market Cycle)은 부동산 시장이 일정한 단계를 반복하며 순환한다는 이론으로, 시장의 흐름을 6단계의 주기(cycle)로 나누어 설명한다. 이 모형은 마치 벌집처럼 각 단계가 서로 유기적으로 연결되어 있어 '벌집순환'이라는 이름이 붙었다. 투자자와 실수요자 모두에게 중요한 의사결정 도구로 활용된다.

　회복 진입기는 장기간 침체가 끝나고, 시장에 서서히 온기가 돌기 시작하는 시기다. 공실률이 점차 감소하고, 임대료가 소폭 오르기 시작하며, 거래량이 서서히 늘어나나 가격이 변화가 없다. 저평가된 매물을 선점할 기회다. 선도 투자자들의 움직임이 포착되는 시기다.

　회복기는 임대료와 매매가가 본격적으로 상승하기 시작하며, 수익률 개선이 가시화된다. 공급 부족이 나타나고 거래가 늘어난다. 신규 분양 및 개발이 활발해지고 금융권의 대출도 늘어난다. 시장 진입에 적기다. 우량 입지를 중심으로 투자가 몰리는 경향이 있다.

호황기는 시장이 정점으로 향하면서 투기 수요가 급증하고, 거래량이 줄어들면서 가격이 급격히 상승한다. 대출 확대, 실수요보다 투자 수요가 많아지며 '영끌·패닉바잉' 현상이 나타난다. 위험이 큰 시기이기도 하다. 매도 타이밍을 검토하거나 보수적으로 접근해야 한다.

침체 진입기는 가격 상승이 멈추고 거래가 감소한다. 공급은 증가하지만, 수요가 둔화되기 시작한다. 미분양 증가, 입주 물량 폭증, 전세가율 하락 등 불균형 징후가 발생한다. 추가 투자는 신중히 판단해야 하며, 수익형 부동산 중심으로 리스크를 줄이는 전략이 필요하다.

침체기는 가격이 하락세로 전환되고, 투자자들의 손절 및 매물이 쏟아진다. 거래량과 가격도 급격하게 하락한다. 공실률이 증가하며 시세 하락, 경매 물건 증가, 임대수익 악화, 금융기관 부실 증가가 나타난다. 현금 보유와 리스크 회피 전략이 중요하다. 상황을 관망하며 하락 바닥을 탐색하는 시기다.

불황기는 거래가 거의 이루어지지 않으며, 시장이 얼어붙는다. 가격은 하락세가 멈추지만, 반등도 없다. 대출 규제 강화, 투자 심리 위축, 언론의 부정적 보도가 증가한다. 이 시기에는 일부 투자자들이 헐값 매물에 접근해 다음 회복기를 준비한다. 이때는 일반 매물보다 경매를 통해서 매입하게 되면 저렴하게 매입이 가능할 것이다.

이러한 6단계는 선형이 아닌 순환 구조로서, 시장 상황에 따라 단계가 길어지거나 단축될 수 있으며, 지역마다 다른 양상으로 나타날 수도 있다. 그러나 장기적인 흐름에서 보면 이 순환 구조는 반복되며, 투자자는 어느 단계에 있는지를 파악함으로써 진입 시점과 철수 시점을 전략적으로 결정할 수 있다.

부동산 벌집순환모형은 단순한 가격 예측 도구가 아니라, 시장 심리, 공급과 수요의 균형, 정책의 흐름, 투자 행태 등을 종합적으로 이해하는 틀을 제공한다. 시장은 항상 순환하며, 이를 아는 사람만이 불황기에 사서 호황기에 팔 수 있다. 이러한 현상은 전국이 지역마다 다르게 나타나기도 한다. 때로는 다르게 나타나기도 하고 같은 흐름을 가지기도 한다. 지역성이 있다는 것을 명심해야 할거이다. 이러한 벌집순환모형만 잘 이해해도 실패하지 않는 투자를 할 수 있다.

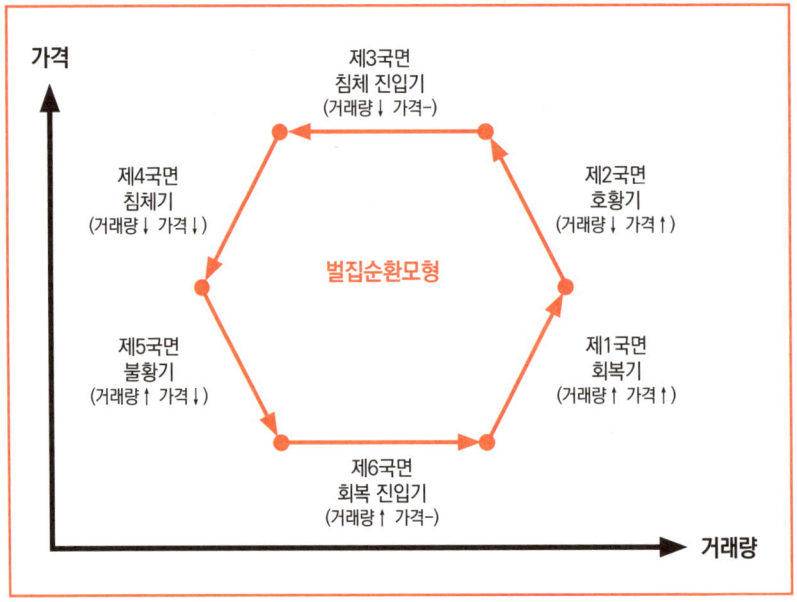

출처 : 손품왕

제6장

투자 전에
꼭 알아야 할 것들

부동산 투자의 수익 구조
순수익율로 계산해야 한다

부동산 투자는 단순히 '사는 것'이 아니라, 수익을 내기 위한 자산 운용 행위다. 주식, 채권, 예금처럼 수익 구조가 분명히 존재하며, 이를 정확히 이해해야 올바른 투자 판단이 가능하다. 부동산 투자의 수익은 크게 자본수익(capital gain)과 운용수익(rental income)으로 나뉜다. 자본수익은 부동산을 싸게 사서 비싸게 팔 때 생기는 이익이다. 가장 일반적인 부동산 투자 수익 구조로, 아파트, 상가, 토지 등 대부분의 자산에 적용된다. 예를 들어 5억 원에 매입한 아파트를 3년 뒤 8억 원에 매도한다면 자본수익은 3억 원이다. 상승영향 요인 지역 개발, 교통 개선, 학군 형성, 브랜드 신축, 수요 증가 등이다. 매입 타이밍과 보유 기간이 중요하다. 장점은 단기간에 큰 수익이 가능하다는 것이고, 단점은 시장 하락 시 손실 위험이 크다는 것과 양도소득세 부담이 존재한다는 것이다.

운용수익은 부동산을 임대해 정기적으로 수취하는 월세나 보증금 이자 차익 등이다. 아파트 월세, 상가 임대료, 오피스텔 수익형 부동산에서 주로 발생한다. 예를 들면 오피스텔 월세가 100만 원씩 12개월 동안 들어오면 연 1,200만 원의 수익이 발생한다. 영향 요인으로는 입지, 주변 상권, 건물 관리 상태, 공실률 등에 영향을 미친다. 장점으로는 안정적인 현금 흐름을 얻을 수 있고 자산 보유 중에도 수익이 발생한다는 것이다. 단점으로는 공실 발생 시 수익 손실이 발생하고, 세입자 관리와 유지 비용이 발생한다.

현대 부동산 투자에서는 자본수익과 운용수익을 동시에 추구하는 복합 전략이 보편화되고 있다. 예를 들어, 수익형 부동산을 매입해 임대료를 받다가 시세가 오르면 매도해 시세차익까지 얻는 방식이다. 특히 상가 투자가 그런데, 임대수익과 향후 상권 확장에 따른 매각 차익을 얻는 방식이다. 오피스텔 투자도 이러한 투자 방식이라고 볼 수 있다.

수익률 계산 방식으로는 부동산 수익률은 다음 두 가지 방식으로 산출된다. 첫 번째는 단순 수익률(Gross Yield) 방식이다. 단순 수익률은 연간 총수익을 투자 금액으로 나누고 100을 곱한 금액이다. 예를 들어 보증금이 2억 원이고, 월세가 100만 원(연 1,200만 원)이면 연 수익률은 6%가 된다. 단, 세금, 유지비, 공실률을 반영하지 않았다. 두 번째는 순수익률(Net Yield) 방식이다. 순수익률 계산식은 다음과 같다. 순수익률은 연간 총수익에서 비용을 빼고 투자 금액으로 나눈 후 100을 곱한 금액이다. 여기서도 비용 항목인 재산세, 수선비, 중개 수수료, 공실 리스크 등을 뺀 금액이다. 실투자금 기준으로 계산해야 실제 수익성이 판단된다. 수익 구조를 파악할 때는 리스크 요인도 반드시 고려해야 한다.

- **단순 수익률 계산 공식**

$$\text{단순 수익률}(\%) = \frac{\text{연간 임대 수입}}{\text{매입가격}} \times 100$$

- **순수익률(NOI 수익률) 계산 공식**

$$\text{순수익률}(\%) = \frac{\text{연간 순영업수익(NOI)}}{\text{매입가격}} \times 100$$

- **순영업수익(NOI) 계산식**

$$\text{NOI} = \text{연간 총임대수입} - \text{운영비용}$$

* 운영비용 = 관리비(임대인이 부담하는 부분), 수선유지비, 공실 손실 예상액, 세금(재산세 등), 보험료, 기타 유지관리 비용

수익 구조와 리스크 항목

구분	주요 리스크 항목
자본수익	시세 하락, 정부 규제, 공급 과잉, 금리 인상
운용수익	공실, 미납, 수리비 증가, 세금 부담
공통	입지 변화, 경기 침체, 정책 변화

수익 구조와 투자 전략의 연결

투자 목적	수익 구조 중심	투자 전략 예시
단기 수익	자본수익	재개발 구역 투자, 단기 시세차익 노림
안정적 현금 흐름	운용수익	수익형 부동산(오피스텔, 상가 등) 투자
복합 수익	자본+운용	도심 상가, 입지 좋은 다세대주택 등
장기 자산 축적	운용+입지 가치	신도시 초입부, 고정 수익+미래 자본수익

　부동산 투자의 핵심은 단순히 '얼마 벌었냐?'가 아니라, 어떻게 벌었고, 그 수익이 얼마나 지속 가능한가에 있다. 자본수익과 운용수익, 이 두 축을 균형 있게 이해하면 단기 차익에만 의존하지 않고, 안정성과 성장성 모두를 추구하는 전략적 투자가 가능해진다. 부동산은 움직이지 않지만, 그 수익은 숫자보다 훨씬 민감하게 시장을 반영한다. 수익 구조를 꿰뚫는 것이야말로 진짜 투자의 시작이다. 단순 수익율보다 순수익율로 계산해야 리스크를 피할 수 있다.

수익률과 손익 계산법
진짜 수익을 따져야 한다

부동산 투자는 '얼마에 샀고, 얼마에 팔았는가?'로 끝나지 않는다. 단순한 시세차익 외에도 세금, 비용, 대출 이자, 유지관리비 등 다양한 요소가 반영되어야 실제 수익이 얼마인지 계산할 수 있다. 이 장에서는 수익률과 손익을 올바르게 계산하는 방법을 단계별로 정리한다.

수익률(Yield)은 투자금 대비 얼마의 이익이 발생했는지를 백분율로 나타낸 것이다. 부동산 수익률은 매매차익(자본수익) 또는 임대소득(운용수익)에 따라 나뉘며, 총수익률과 순수익률로 구분된다.

총수익률(Gross Yield)은 총수익을 투자 금액으로 나눈 뒤 100을 곱한 금액이다. 예를 들어 5억 원을 투자해서 매각을 7억 원에 했을 경우 수익은 2억 원이 된다. 그러면 40%의 수익률이 생기는 것이다. 이것은 세금, 비용을 제외한 단순 계산이며, 투자 전 예상 수익 비교에 주로 사용된다.

- **총수익률 계산식**

$$\frac{총수익}{투자\ 금액} \times 100 = 총수익률(\%)$$

$$\frac{(7억\ 원 - 5억\ 원)}{5억\ 원} \times 100 = 40(\%)$$

순수익률은 총수익에서 총비용을 빼고 투자 금액으로 나눈 후 100을 곱한 금액이다. 예를 들어 5억 원을 투자하고 7억 원에 매각했는데 세금·비용이 5,000만 원이 발생했다면, 순수익은 총수익 2억 원에서 5,000만 원을 뺀 1억 5,000만 원인 것이다. 이것을 순수익률로 계산하면 30%가 나온다. 실제로 손에 쥐는 수익 기준이므로 가장 현실적인 수익률 지표로 사용된다.

- **순수익률 계산식**

$$\frac{총수익 - 총비용}{투자\ 금액} \times 100 = 순수익률(\%)$$

$$\frac{(2억\ 원 - 5,000만\ 원)}{5억\ 원} \times 100 = 30(\%)$$

월세, 상가, 오피스텔 투자처럼 운용수익 중심 투자라면 연간 임대수익률을 계산한다. 연간 임대수익률은 연 임대수입에서 실투자금으로 나눈 후 100을 곱한 금액이다. 예를 들어서 보증금 1억 원에 월세 100만 원을 받는다면 연 임대수입은 1,200만 원이다. 실투자금은 매입가 3억 원에서 보증금 1억 원을 빼면 2억 원이 된다. 그러므로 수익률은 1,200만 원을 실투자금 2억 원으로 나눈 후 100을 곱하면 6%가 되는 것이다. 이것은 공실률, 수리비, 재산세 등을 제외하지 않은 단순 수익률이다.

- **연간 임대수익률 계산식**

$$\frac{\text{연 임대수입}}{\text{실투자금}} \times 100 = \text{연간 임대수익률}(\%)$$

$$\frac{(100만 원 \times 12)}{(3억 원 - 1억 원)} \times 100 = 6(\%)$$

순임대수익률은 연 임대수입에서 연 운영비용을 뺀 후 실투자금으로 나눈 후 100을 곱한 금액이다. 예를 들어서 연 임대수입이 1,200만 원이고, 연간 비용이 200만 원이 발생한다면, 순수익은 1,000만 원을 실투자금 2억 원으로 나누면 5%가 나오는 것이다.

- **순임대수익률 계산식**

$$\frac{(\text{연 임대수입} - \text{연 운영비용})}{\text{실투자금}} \times 100 = \text{순임대수익률}(\%)$$

$$\frac{(1{,}200만 원 - 200만 원)}{2억 원} \times 100 = 5(\%)$$

이렇듯 순임대수익률로 계산하는 습관을 들이자. 단순수익률로 계산할 경우 공실이 오래되면 이자를 부담해야 하므로 힘들어진다. 부동산 중개업소에서는 단순수익률로 계산해서 중개하는 경우가 많다. 왜냐하면 수익률을 높여서 중개가 잘되도록 하기 위함이다. 꼭 명심해야 할 부분이다.

부동산 투자의 성공 여부는 단순히 '시세가 올랐다'가 아니다. 실제로 얼마를 벌었는지, 어떤 비용이 들었는지, 수익률은 어떤 구조로 나왔는지를 정확히 따져봐야 한다. 투자는 감이 아니라 계산이다. 수익률을 이해하는 것은 투자의 나침반을 갖는 일이며, 손익을 정밀하게 따질 줄 아는 사람만이 위험을 관리하고 수익을 누적할 수 있다. 특히 양도세는 시기에 따라 천차만별로 변한다. 심지어 매도 시기나 내가 가지고 있는 시점과 매수 시점에 따라 양도세가 최대 80%까지 갈 수 있어서 매도하기 전에 꼼꼼하게 따져봐야 할 것이다. 또한 매입하기 전에 가지고 있는 부동산 양도세가 어떻게 변하는지 확인해야 할 것이다. 부동산 세금은 매도할 때 확인해야 하지만, 매수 시점부터 철저하게 계산하고 확인해야 할 부분이다.

부동산 손익 계산 시 유의해야 할 주요 포인트

항목	설명	유의사항
매입가	부동산 구매 가격 (취득세 등 포함)	부대비용(취득세 중개수수료)까지 포함해 계산
보유 비용	보유 중 발생하는 비용 (세금 관리비 등)	재산세 종합부동산세 대출이자 등을 반영
수리/개선 비용	리모델링 수리비용 등	수익성 분석 시 과도한 투자 주의
임대수익	임대료 수입	공실률 및 관리비 부담 고려
매도 예상가	최종 매각 가격	세금 및 중개수수료 차감 후 순수익 산정
양도소득세	매도 시 발생하는 세금	장기보유특별공제 등 절세 전략 반영
실손익	총수익-총비용	모든 비용을 빠짐없이 반영해 실제 수익 계산

대출과 레버리지 이해하기
부동산 투자는 지렛대를 잘 활용해야 한다

부동산 투자의 문턱을 낮추고, 수익률을 높이는 데 가장 많이 활용되는 수단이 있다. 바로 대출을 통한 레버리지(leverage) 투자다. 같은 자본으로 더 큰 자산을 운용하게 해주는 도구이자, 잘 쓰면 날개가 되고, 잘못 쓰면 발목을 잡는 양날의 검이다. 레버리지(leverage)는 '지렛대 효과'를 의미하며, 자기 자본보다 큰 자산을 운용해 수익률을 극대화하는 전략을 말한다.

예를 들어 1억 원으로 1억 원짜리 집을 살 경우, 10% 올랐다면 수익률 1,000만 원을 1억 원으로 나누어 100을 곱하면 10% 수익률이다. 하지만 1억 원으로 3억 원짜리 집을 대출로 살 경우 10% 올랐다면 수익률 3,000만 원에서 1억 원을 나누어 100을 곱하면 30% 수익률로, 더 높은 수익률을 얻게 된다는 것이다. 이처럼 대출을 통해 투자금 대비 수익률을 올릴 수 있는 구조가 바로 레버리지 투자인 것이다.

- **자기 자본 1억 원으로 1억 원짜리 집을 산 경우 수익률**

$$\frac{1{,}000\text{만 원}}{1\text{억 원}} \times 100 = 10\%$$

- **자기 자본 1억 원 + 대출 2억 원으로 3억 원짜리 집을 산 경우 수익률**(레버리지 투자 효과!!!)

$$\frac{3{,}000\text{만 원}}{1\text{억 원}} \times 100 = 30\%$$

부동산 대출은 주택담보대출이나 전세자금대출, 상가담보대출 등으로 구분된다. 이때 대출 한도는 주로 다음 기준에 따라 결정된다. 이 항목들은 정부의 방침에 따라 시기에 따라 다르게 나오므로 꼭 금융권에 확인 후 부동산 계약을 해야 실수하지 않는다.

항목	설명
LTV (Loan To Value ratio)	담보인정비율 (예 : 70% → 10억 원 집에 최대 7억 원 대출 가능)
DTI (Debt To Income ratio)	총부채상환비율 연 소득 대비 원리금 상환 비율 제한
DSR (Debt Service Ratio)	총부채원리금상환비율 모든 대출을 포함한 상환 능력 평가

레버리지의 단점과 리스크는 하락장에서 손실이 확대된다는 것이다. 가격이 떨어질 경우에도 수익률 구조는 반대로 적용되어 큰 손실

이 발생할 수 있다는 것을 명심하자. 원리금 상환은 고금리 환경에서는 이자 부담이 수익률이 높아진다. 투자자가 월세 수익으로 이자조차 감당 못 하면 현금 흐름에서 적자가 발생한다. 특히 공실 발생 시 치명적 적자로 인해 은행 이자를 못 낼 경우, 잘못하면 내가 소유한 부동산이 경매로 넘어갈 수도 있음을 명심하자. 여기서 원리금 상환은 원금과 이자를 함께 갚아 나가는 방식을 말한다.

　정부의 부동산 규제 정책에 따라 대출이 막히면 레버리지 전략이 무력화될 수 있다. LTV·DSR이 강화되고, 투기지역으로 지정될 경우 대출했던 대출금을 은행권에서 일부 갚아야 하는 경우도 있고, 신용 문제가 발생하면 대출 금액의 전부를 갚아야 하는 경우도 발생할 수 잇다. 자금 계획 전면 재조정이 필요할 경우를 대비해 확신이 없으면 최소한의 대출을 이용해야 할 것이다.

레버리지 전략 활용 팁

전략 항목	설명
저금리 시기 활용	금리가 낮을수록 레버리지 이익이 극대화됨.
현금 흐름 분석	월세 수익으로 대출 이자 유지비 등을 커버할 수 있는가가 핵심
분산 투자 고려	한곳에 집중된 대출보다 지역·종류별로 분산된 투자 리스크 분산에 유리
대출 만기 관리	장기 고정금리 대출 선호 일시상환 구조는 하락장 위험 크므로 주의 필요
시세 역전 대비	하락장 시 대출금 〉 부동산 가치 → '깡통 전세', '역전세 리스크' 발생 가능

아파트 투자 시 수익 비교

항목	자금 100% 투자	대출 70% 활용 시
매입가	5억 원	5억 원
자기 자본	5억 원	1.5억 원
대출금	없음.	3.5억 원 (연 이자 4%) = 1,400만 원
2년 후 매도가	6억 원 (시세차익 1억 원)	동일
순수익	1억 원	1억 − 1,400만 원 = 8,600만 원
수익률	20%	8,600만 원 / 1.5억 원 = 57.3%

　대출을 이용할 경우 수익률은 3배 가까이 증가한다. 다만 하락 시 리스크도 동반한다.

　레버리지는 잘 활용하면 수익률을 극대화하는 날개가 되지만, 시장이 꺾이면 손실을 증폭시키는 부메랑이 된다. 따라서 대출을 활용한 투자는 반드시 수익률 시뮬레이션, 현금 흐름 계획, 하락장 방어 전략을 갖춘 상태에서 접근해야 한다. 대출은 무기가 아니라 도구다. 현명한 투자자는 레버리지를 '얼마 빌릴 수 있는가?'가 아니라, '어디까지 감당할 수 있는가?'로 판단한다. 지렛대를 너무 큰 것을 사용하다가 부동산 하락장이 오면 지렛대가 부러질 수 있다. 자신이 감당할 수 있는 만큼 지렛대를 활용해야 한다.

리스크 관리의 기본
잃지 않는 투자가 진짜 투자다

부동산 투자에서 가장 중요한 덕목 중 하나는 '수익을 얼마나 올릴 수 있는가?'가 아니라, '손실을 얼마나 줄일 수 있는가?'다. 이는 단순히 보수적인 접근을 의미하는 것이 아니라, 불확실한 시장 환경 속에서도 자신의 자산을 지켜내고, 기회를 포착할 수 있는 전략적 방어력을 뜻한다. 부동산은 주식처럼 쉽게 사고팔 수 있는 자산이 아니기에, 한 번의 선택이 몇 년간의 재무 상황을 좌우할 수 있다. 그렇기에 리스크 관리는 수익 추구보다 먼저 고려되어야 할 투자자의 기본 역량이다.

부동산 투자에서 발생할 수 있는 대표적인 리스크는 크게 여섯 가지로 구분할 수 있다. 가격 하락, 금리 인상, 공실 발생, 정책 변화, 지역 수요 감소, 유동성 부족이 그것이다. 가격 리스크는 시장 전반이 하락세로 전환되면서 나타나는 손실 가능성이고, 금리 리스크는 대출 이자 부담이 커져 투자 수익률이 하락하거나 마이너스로 전환되는 상황을 말한다. 특히 수익형 부동산에서는 공실 리스크가 치명적인데, 이는 일정 기간 임대 수입이 발생하지 않아 현금 흐름이 급격히 악화되는 구조를 만든다. 여기에 더해 정부의 규제 강화나 세금 제도 변경 같은 정책 리스크까지 고려하면, 부동산 투자는 항상 불확실성과 함께 움직인다고 볼 수 있다.

이러한 리스크를 효과적으로 관리하기 위해서는 몇 가지 기본적인 원칙이 필요하다. 우선 첫 번째는 무리한 대출을 피하는 것이다. 많은 투자자가 레버리지를 통해 수익률을 극대화하려 하지만, 그만큼 손실도 증폭된다는 사실을 간과하기 쉽다. 특히 금리가 상승할 경우 대출 원리금 상환 부담은 곧바로 투자 실패로 연결될 수 있다. 따라서 본인의 소득과 자산 상황을 철저히 분석한 뒤, 감당할 수 있는 수준의 대출만 활용해야 한다. 가능하다면 고정금리 또는 장기 분할 상환 조건으로 안정성을 확보하는 것이 좋다.

두 번째는 입지의 중요성을 다시 확인하는 것이다. 리스크는 수익률이 높은 지역이 아니라, 수요가 지속되는 지역에서 줄일 수 있다. 교통, 학군, 생활 인프라, 직주근접 요소가 갖춰진 지역은 시장 침체기에도 가격 방어력이 강하다. 반대로 외곽 신도시나 소형 도시 중 인구 감소 지역은 조정장에 더 큰 낙폭을 보일 수 있어, 하방 리스크가 크다는 점을 간과해서는 안 된다.

세 번째는 현금 흐름을 안정적으로 유지하는 전략이다. 부동산은 보유하는 동안에도 세금, 유지비, 이자 등 다양한 비용이 발생한다. 수익형 부동산을 보유하고 있다면, 공실 발생 시에도 최소한의 고정비를 감당할 수 있도록 예비 자금을 확보해두어야 하며, 월세 수익이 이자보다 적은 구조라면 전략 수정이 필요하다. 통상적으로는 총 투자금의 10~20% 수준을 유보 자금으로 유지하는 것이 권장된다.

네 번째는 시장의 변화에 민감하게 반응하는 능력이다. 리스크는 예고 없이 닥치지만, 그 징후는 언론, 정책, 금리 인상 발표, 거래량 변화 등의 다양한 경로로 나타난다. 거래량이 줄고, 청약 경쟁률이 낮아지며, 하락 기사가 늘어날 때는 시장의 고점이나 하락 진입을 의심해봐야 한다. 반대로 규제 완화, 공급 확대 정책이 동시에 나타날 때는 저점의 가능성을 분석해볼 수 있다.

마지막으로는 대비 전략을 세워 두는 것이다. 매도 타이밍, 월세 전환, 대출 재조정, 보유 전략의 수정 등 다양한 시나리오에 따라 움직일 수 있는 준비가 되어 있어야 한다. 이를 위해서는 투자 전 단계부터 리스크 발생 시 대응 계획을 시뮬레이션하고, 실제로 시장이 흔들릴 때 냉정하게 대응할 수 있는 심리적 여유까지 갖추는 것이 중요하다.

결국 부동산 투자에서의 리스크 관리는 수익을 내기 위한 과정이 아니라, 수익을 지켜내기 위한 기본적인 생존 전략이다. 큰 수익을 바라는 것은 누구나 할 수 있다. 하지만 그 수익을 현실로 만들기 위해서는 먼저 잃지 않는 구조를 설계할 줄 아는 지혜가 필요하다. 부동산 시장에서 오래 살아남는 투자자는 뛰어난 안목보다, 철저한 방어력을 가진 사람임을 우리는 반드시 기억해야 한다.

특히 수익성만을 따지고 지방에 투자하는 것을 조심해야 한다. 인구가 줄어들고 지방에도 위치마다 죽어가는 지역이 있는데, 단순 수익만 따지고 매입하면 안 된다. 점점 더 악화하는 곳에 부동산을 매입했다가 매도하지도 못하고 점점 공실만 생긴다면 큰 손해를 볼 수 있다. 또한 원룸인 경우는 부동산과 건축주가 세입자에게 월세를 지원하면서까지 월세 수익률을 높여 파는 경우가 있다. 주변 월세를 체크하고, 신축 원룸을 매입할 경우 조심해야 한다. 필자도 신축 원룸을 매입해서 세입자가 만기되어 빠져나가는 바람에 고생한 적이 있다. 세계 최고 부자인 워런 버핏(Warren Buffett)은 수익의 크기보다 잃지 않는 투자를 해야 한다고 했다.

부동산 리스크 관리 체크리스트

항목 구분	점검 항목	체크
자금 계획	실투자금 외에도 최소 10~20%의 유보 자금을 보유하고 있는가?	
	대출 원리금 상환이 월 소득 또는 월세 수익 내에서 무리 없이 가능한가?	
	변동금리 대출이 아닌 고정금리 또는 장기 분할상환 구조로 설계되어 있는가?	
입지 리스크	교통 학군 직주근접 생활 인프라 등 기본 입지 요소가 충족되는 지역인가?	
	인구가 꾸준히 증가하거나 유지되고 있는 지역인가?	
	향후 개발계획 또는 정비사업 등 가치 상승 요소가 존재하는가?	
수익 구조	공실이 발생해도 최소 3~6개월 이상 버틸 수 있는 재정적 여유가 있는가?	
	월세 수익이 대출 이자 및 관리 비용보다 충분히 높은가?	
	단기 차익보다는 장기 보유 전략도 가능한 구조인가?	
시장 흐름	최근 거래량 청약 경쟁률 금리 변동 등을 정기적으로 확인하고 있는가?	
	정부 정책(대출 세금 공급)에 따라 전략을 유연하게 조정할 수 있는가?	
매도/ 대응 전략	가격 하락 시 보유 전환 매도 등 대체 시나리오를 준비하고 있는가?	
	위기 상황에서 당황하지 않고 대응할 수 있는 심리적 준비가 되어 있는가?	

〈체크 결과 해석〉

☑ 12개 이상 → 리스크 관리 우수 : 안정적 투자 구조로 판단됨.
☑ 8~11개 → 리스크 보완 필요 : 특정 항목 보완 시 중장기 안정 가능.
☑ 7개 이하 → 리스크 고위험 : 투자 전 재검토 또는 구조 조정 권장.

5

투자 목적에 따른 전략 세우기
나에게 맞는 투자의 방향을 잡아라

부동산 투자는 누구에게나 열려 있지만, 그 안에서 어떤 성과를 내느냐는 투자자의 '목적'에 달려 있다. 누군가는 빠르게 시세차익을 얻기를 바라고, 또 다른 누군가는 안정적인 임대수익을 기대하며, 어떤 이는 노후를 대비하는 자산 보존 수단으로 부동산을 바라본다. 같은 시장, 같은 상품이라고 해도 투자 목적에 따라 선택해야 할 입지, 상품, 보유 기간, 매도 시점이 달라질 수밖에 없다. 그렇기에 투자에 앞서 '왜 투자하는가?'를 명확히 정하고, 이에 따른 전략을 세우는 것은 성공 투자의 출발점이라고 할 수 있다.

가장 먼저 생각해볼 수 있는 목적은 단기 시세차익이다. 빠르게 자본이득을 실현하고자 하는 이들은 재개발·재건축 초기 단계 물건, 분양권, 개발 호재가 명확한 지역에 선제적으로 투자하는 전략을 선호한다. 이들은 보통 1~3년 내의 매도 계획을 세우며, 시장 흐름을 빠르게 읽고 매도 타이밍을 실현할 수 있는 감각이 필요하다. 그러나 단기 투자일수록 세금 부담이 크고, 시장 하락 시 손실이 확대될 수 있으므로 민첩함과 철저한 리스크 관리 능력이 요구된다. 단기 투자일 경우 예전에는 전세를 한 번 주고, 아파트를 2년마다 매도했다. 그러나 계약갱신청구권이 생기면서 세입자가 4년 거주를 원할 경우 특별한 사항이 없으면 임대인은 거절할 수 없어 강제적으로 4년을 투자해야 하는 경우가 발생한다. 그러므로 아파트 투자일 경우 4년 후 입주량과 부동산 시장이 어떻게 흐를 것인지 체크하고 투자해야 할 것이다.

반대로 중장기 자산 증식을 목표로 하는 투자자들은 5년 이상의 긴 호흡을 갖고 움직인다. 이들은 입지 개선이 예정된 지역, 인프라가 확충되는 신도시, 수요가 점차 증가할 것으로 예상되는 성장형 지역을 선호하며, 보유 기간의 등락보다는 장기적인 가치 상승에 주목한다. 이러한 전략은 단기 시세 변동에 크게 휘둘리지 않고 기다릴 수 있는 재정적 여유와 심리적 안정감이 필요하다. 보유 기간 동안 월세 등으로 현금 흐름을 확보할 수 있다면 더욱 이상적인 구조가 된다.

또한 임대수익 중심의 투자 전략도 있다. 수익형 부동산은 정기적인 현금 흐름을 확보하고자 하는 이들에게 적합하다. 이 전략은 아파트보다는 오피스텔, 상가, 도시형생활주택 등 임대가 가능한 자산에 집중되며, 수익률을 높이기 위해서는 공실률이 낮고 입지 경쟁력이 있는 지역을 선택해야 한다. 다만 수익형 부동산은 공실 발생 시 수익이 곧바로 끊긴다는 점에서 안정적인 수요층 확보와 임대 관리 능력이 중요하며, 단순히 수익률 수치만 보고 진입하기보다는 지역 시장의 흐름까지 함께 읽어야 한다.

이와는 다르게, 부동산을 노후 대비 자산으로 접근하는 이들도 많다. 이 경우 수익률보다는 안정성과 장기 보유 가능성이 핵심이 된다. 은퇴 이후의 생활비를 월세 수익으로 충당하려 하거나, 향후 자녀에게 자산을 이전하려는 계획까지 포함된다. 노후형 부동산은 과도한 유지 비용이나 공실 리스크가 낮아야 하며, 적절한 시점에 매도해 현금화할 수 있는 유동성도 고려되어야 한다. 가격이 급등하는 지역보다는 안정적 수요가 유지되는 중심지 또는 생활권 중심지가 선호된다.

마지막으로, 세금 전략을 고려한 투자 목적도 무시할 수 없다. 특히 다주택자나 고가 자산 보유자는 양도소득세, 종합부동산세 등 복합적인 세금 부담을 감안해 절세 전략을 수립해야 한다. 보유 주택 수, 보유 기간, 거주 요건에 따라 비과세 혜택을 누릴 수 있는 구조를 짜야 하며, 증여·상속 또는 법인 전환 같은 자산 이전 방식도 사전에 검토하는 것이 필요하다. 이는 단순히 수익을 높이는 것을 넘어서, 세후 수익을 극대화하는 투자 전략으로 연결된다. 특히 법인인 경우는 주택에 대한 취득세와 종합부동산세가 시기에 따라 엄청나게 차이가 나기 때문에 시기에 따라 투자 종목을 잘 확인해야 한다.

결국 부동산 투자는 단순한 자산 거래가 아니라, 삶의 방향과 재무계획을 함께 설계하는 일이다. 내 목적이 무엇인지, 몇 년을 바라보고 투자할 것인지, 얼마나 감내할 수 있는지에 따라 투자 방식이 달라진다. 같은 물건이라도 목적에 따라 '가치'가 달라지고, 같은 시장이라도 접근 방식에 따라 '결과'가 달라질 수 있다. 투자의 방향이 분명할수록 전략은 구체적으로 되고, 전략이 구체적일수록 투자 성공률은 높아진다. 목적 없이 흐름에 따라 움직이는 투자보다, 목적이 분명한 기다림은 언제나 더 멀리 간다. 오늘의 선택이 단순한 매입이 아닌, 나의 미래와 목표를 향한 설계가 되길 바란다. 투자 목적별로 잘 선택해 투자해야 출구전략을 펼 수 있다. 투자 목적 없이 투자했다가는 부동산을 영원히 팔지 못할 수도 있다. 부동산은 팔아야 수익을 낼 수 있는 구조다.

부동산 투자 목적에 따른 전략

투자 목적	주요 전략	유의사항
시세차익	저평가 지역 매수 → 향후 매도	입지 분석 개발 호재 확인 필수
임대수익	수익형 부동산(오피스텔 상가) 매입	공실률 임대료 수준 점검
자산 방어	안정적 지역 아파트 보유	가격 변동성 낮은 입지 선택
세금 절감	절세형 상품(임대사업자 등록 등) 활용	세법 개정 및 혜택 조건 체크
포트폴리오 다각화	다양한 상품(토지 상가 주택 등) 분산 투자	상품별 리스크 관리 필요

투자 목적별 전략 정리표

NO	투자 목적	핵심 전략	유리한 상품 유형	주의할 점
1	단기 시세차익	개발 호재 지역 선점 분양권·입주권 투자 출구전략 명확히	분양권 재개발 초기 물건	시장 급변 시 손실 확대 세금 중과 리스크
2	중장기 자산 증식	신도시개발 예정지 장기 보유 인프라 개선 지역 중심	입주 예정 신축 아파트 정비사업 예정지	장기 보유에 따른 자금 유동성 확보 필요
3	임대수익 확보	공실률 낮은 지역 오피스텔·상가 안정적 임차인 유치	오피스텔 도시형생활주택 상가	공실 리스크 운영 관리 비용 반영 필수
4	노후 대비 자산 축적	보유·운영 부담 낮은 안정형 자산 유동성 확보 고려	소형 아파트 핵심 생활권 내 주택	자산 가치 하락 및 매도 시점 유동성 고려
5	절세 및 세금 전략	1주택 비과세 요건 충족 증여·법인 전환 등 절세 구조 설계	1가구 1주택 장기 보유 자산	세법 변경 리스크 전문가와의 상담 필수

첫 집 마련을 위한 실전 접근
내 집 마련은 빠를수록 좋다

'내 집 마련'은 많은 이들이 꿈꾸는 목표이자 인생의 전환점이 되는 중요한 결정이다. 특히 생애 첫 주택 구입은 단순한 소비를 넘어, 장기적인 자산 형성과 생활 기반의 안정이라는 의미를 지닌다. 하지만 주택 가격의 급등, 대출 규제, 고금리 등으로 인해 실수요자들이 쉽게 결정을 내리기 어려운 시장 환경이 이어지고 있다. 그렇기에 지금 현시점에서 첫 집 마련은, 감정이 아니라 전략적이고 실질적인 접근이 필요한 시기다.

가장 먼저 해야 할 일은 왜 집을 사려는지 목적을 분명히 하는 것이다. 단순히 남들이 다 사니까, 혹은 집값이 더 오를까 봐 사야겠다는 막연한 불안보다는 '주거 안정', '결혼이나 육아 등 생애 이벤트에 맞춘 공간 마련', '월세 지출을 줄이기 위한 자산 전환' 같은 구체적인 필요와 계획에 기반한 동기가 있어야 한다. 이러한 목적의 명확화는 이후 예산 설정부터 입지 선택, 상품 판단에 이르기까지 모든 결정의 기준이 된다.

두 번째 단계는 나의 자금 상황을 냉정하게 파악하는 것이다. 지금 당장 동원할 수 있는 자기자본, 연 소득에 따른 대출 한도, 그리고 매월 감당할 수 있는 상환 여력을 기반으로 구입 가능한 주택 가격대를 정해야 한다. 여기에는 대출의 원리금뿐 아니라, 취득세, 중개수수료, 이사비, 수리비 등의 초기 비용도 함께 포함되어야 한다. 일반적으로는 자기자본 대비 3~4배 수준의 총주택가격을 목표로 삼는 것이 안정적이다.

만약 청약을 통해 신축 아파트를 노리고 있다면, 청약 자격 여부와 당첨 가능성을 꼼꼼히 확인해야 한다. 생애 최초 특별공급, 신혼부부 특별공급, 청년 우선공급 등은 무주택자에게 유리한 조건을 제공하지만 소득 기준, 청약통장 납입 횟수, 가점 체계 등 일정한 조건을 갖춰야 한다. 최근에는 수도권을 중심으로 사전청약이 활발하게 이루어지고 있으므로, 청약홈 등을 통해 일정과 입지, 분양가를 사전에 비교하고 전략을 세우는 것이 필요하다. 부동산 활황기에는 청약에 당첨되기를 바라다가 상승을 따라가지 못하고, 당첨이 안 되어 시간만 낭비하는 경우가 많다. 투자자 사이에는 "청약은 무슨. 피 주고 사"라는 말도 있다. 청약 당첨이 어렵기 때문에 청약 당첨만 기다리지 말고, 프리미엄을 주더라도 빨리 사라는 것이다. 그것이 내 집 마련을 빨리하는 길이며, 나중에 시간이 지나고 나면 프리미엄을 주고 사는 게 자산 형성에 도움이 더 된다는 것이다.

다만 청약만을 기다리는 동안 주거 안정이 필요한 경우, 또는 실거주를 당장 시작하고 싶은 경우에는 구축 아파트 실입주 매입도 좋은 대안이 될 수 있다. 특히 최근처럼 거래량이 줄고 실거래가가 하락하는 시기에는 시세 대비 저렴한 급매물이 등장할 가능성이 높으며, 이런 시기를 잘 활용하면 실거주와 자산 형성을 동시에 달성할 수 있다. 이때는 입지의 생활 편의성과 교통 접근성, 주변 인프라, 향후 가격 방어력 등을 종합적으로 고려해 판단해야 하며, 준공 연도에 따른 수리 비용이나 관리비 구조도 함께 점검해야 한다.

무엇보다 중요한 것은, 첫 집은 모든 조건을 만족시키는 '완벽한 집'이 아니라, 내 상황에 맞는 '현명한 출발점'이라는 점이다. 많은 이들이 처음부터 이상적인 입지, 넓은 면적, 신축 아파트를 기대하지만, 현실적인 예산과 여건을 고려하면 어느 정도 타협이 필요하다. 실제로는 첫 집을 통해 자산을 안정적으로 형성하고, 향후 소득 증가나 가족 구성의 변화에 맞춰 갈아타기 전략을 세우는 것이 훨씬 합리적이다. 이는 단기적으로 불편함을 감내하면서도, 장기적인 주거 안정과 자산 확장을 노릴 수 있는 실전적인 접근법이다. 처음부터 좋은 입지에 새 아파트를 고집하다가 내 집 마련이 점점 늦어지면 부동산 가격을 따라잡기 힘들어 결국 내 집 마련을 포기할 수도 있다.

또한 대출을 활용할 경우, 대출 이자율과 상환 방식에 따른 월 부담금 시뮬레이션을 필수로 확인해야 하며, 변동금리보다는 고정금리나 혼합형 상품을 고려하는 것이 금리 상승기에는 더 안정적이다. 보금자리론, 디딤돌 대출, 특례보금자리론 등 정부 지원 상품도 적극 활용하되, 소득 조건과 주택 가격 한도 등을 꼼꼼히 따져야 한다.

첫 집 마련은 결코 쉬운 일이 아니다. 그러나 분명한 계획과 준비, 그리고 자신만의 기준이 있다면 충분히 현실화할 수 있는 목표다. 지금 내게 맞는 선택이 무엇인지 고민하고, 시장의 흐름보다는 나의 삶과 재정 계획에 맞춘 주택 구입 전략을 세우는 게 무엇보다 중요하다. 내 집 마련은 단순한 자산 확보를 넘어, 앞으로의 삶을 설계하는 기반이 된다. 불확실한 시대일수록 더욱 분명한 나침반이 필요하다. 그 시작은 '내 집 마련'이라는 현실적인 꿈에서 출발한다. 내 집 마련은 빠를수록 좋다고 생각한다. 내 집을 마련하면 집 구입 시 대출한 것을 갚으려고 강제적으로 절약을 할 수 있고, 다음 목표를 향해 더욱더 열심히 생활하게 된다.

내 집 마련 전략 단계

NO	전략 단계	핵심 내용	실전 팁
1	1단계 목적 설정	주거 안정, 자녀 교육, 자산 형성 등 구체적 목표 설정	주관적 감정보다 생활 기반과 필요 중심으로 판단
2	2단계 재무 점검	자기자본, 대출 한도, 상환 여력, 초기 비용 총정리	3~4배 이내로 총매입가 설정, 여유 자금 확보
3	3단계 청약 활용 여부 검토	생애 최초·신혼부부·청년 특별공급 자격 및 일정 확인	분양가, 경쟁률, 당첨 가능성까지 꼼꼼히 비교
4	4단계 실입주 가능성 검토	입주 가능한 구축 아파트 시세·입지·관리비 등	급매물, 저층·중간층 등 실거래가 하락기 적극 탐색
5	5단계 대출 조건 확인	보금자리론 디딤돌 등 정부 지원 대출 요건 확인	고정금리 위주로 계획, 월 상환액 30% 이내 유지
6	6단계 매물 분석 및 타협 조건 설정	이상적인 조건과 현실 사이에서 타협 가능한 기준 정립	필수 요소 vs 부가 요소 구분해 우선순위 정하기
7	7단계 장기 계획 수립	갈아타기 자산 확장 등을 고려한 장기 시나리오 설계	현금 흐름과 가족계획에 맞는 매도·전환 계획 포함

서울 지역 추천 입지

지역	주요 입지	특징
강동구	고덕강일지구, 암사역세권	5호선 연장, 고덕비즈밸리 등 개발 호재로 미래 가치 상승 기대
금천구	독산동, 시흥동	서남권 재개발 추진, 신안산선 개통 예정으로 교통 개선 전망
도봉구	창동, 쌍문동	창동역세권 개발, GTX-C 노선 등 교통 인프라 확충 계획
동대문구	전농동, 답십리동	청량리역 복합 개발, 교통 중심지로의 성장 가능성
영등포구	신길동, 대림동	신안산선, 신림선 등 교통망 확장으로 접근성 향상
은평구	응암동, 불광동	서부선 개통 예정, 재개발 추진 지역으로 주목받는 중

경기 지역 추천 입지

지역	주요 입지	특징
성남시	위례신도시, 복정동	위례선 트램, 8호선 연장 등 교통 호재로 주목
고양시	지축지구, 삼송지구	3호선 연장, 창릉신도시개발 등으로 미래 가치 상승
용인시	기흥구, 수지구	GTX-A 노선, 용인 플랫폼시티 개발 등 대형 호재
수원시	광교신도시, 호매실지구	신분당선 연장, 광교 중심 상권 형성
화성시	동탄2신도시, 병점동	동탄트램, GTX-A 노선 등 교통 인프라 확충
평택시	고덕신도시, 송탄동	삼성전자 평택캠퍼스, SRT 등으로 인한 수요 증가

대구 지역 추천 입지

지역	주요 입지	특징
수성구	범어동, 만촌동	교육 환경 우수 2호선 라인으로 교통 편의성 높음.
동구	신암동, 신서동	신암재정비촉진지구 혁신도시 등 개발 호재
북구	복현동, 침산동	경북대 인근 대구역세권 개발 등으로 주목
달서구	상인동, 월성동	1호선 라인 생활 인프라 잘 갖춰진 지역

갭 투자의 장단점
갭이 작으면 무조건 좋은가?

부동산 투자에서 '갭 투자'는 오랜 시간 동안 자산을 빠르게 늘릴 수 있는 대표적인 방식으로 여겨져 왔다. 비교적 적은 자본으로 주택을 매입할 수 있다는 점에서 특히 초보 투자자들과 자금 여력이 크지 않은 실수요자들에게 매력적인 방식으로 통했다. 실제로 2015년부터 2020년 사이 수도권과 지방 주요 도시에서 집값이 급등하던 시기, 갭 투자는 자산 증식의 핵심 도구로 활용되었다. 그러나 2021년 이후 금리 인상, 전세가 하락, 거래 절벽 등이 겹치면서 갭 투자에 내재된 리스크가 수면 위로 드러났다.

갭 투자란 전세 세입자가 있는 상태의 주택을 매입하고, 매매가와 전세가의 차이(즉, '갭')만큼의 자본만 투자하는 방식이다. 예컨대 매매가 5억 원, 전세가 4억 원인 아파트를 갭 투자로 매입한다면, 투자자는 1억 원만 있으면 해당 부동산의 소유권을 확보할 수 있다. 전세 세입자의 보증금이 사실상 투자자의 자금 일부를 대신하기 때문에,

소액으로도 고가의 자산을 보유하는 효과를 누릴 수 있게 된다.

이처럼 갭 투자의 가장 큰 장점은 레버리지 효과다. 적은 투자금으로 고가 자산을 매입하고, 이후 집값이 상승하면 매도 시 큰 시세 차익을 얻을 수 있다. 특히 전세가율이 높을수록 갭은 좁아지고, 투자자는 더 적은 자금으로 부동산을 매입할 수 있다. 실제로 상승장에서는 투자금 대비 수익률이 100%를 넘는 경우도 허다했다. 예를 들어, 1억 원 투자로 매입한 집이 2억 원 상승했다면, 단순 계산으로 투자 수익률은 200%에 달하게 된다.

또한 갭 투자는 세입자가 거주 중인 상태에서 매입이 이루어지므로, 임차인 모집이나 월세 수금, 관리 등의 번거로움이 없다. 월세형 수익형 부동산과 달리 임대 관리를 하지 않아도 된다는 점은 직장인이나 부동산 경험이 부족한 투자자에게 큰 장점이다. 더불어, 계약 만료 후 실거주 전환도 가능하므로, 갭 투자를 통해 먼저 입지를 확보하고 추후 실거주로 바꾸는 전략도 유효하다. 즉, 단순한 투자뿐 아니라 주거 이전이나 갈아타기 전략에도 활용될 수 있는 유연한 구조를 갖는다.

하지만 갭 투자는 명확한 한계를 갖고 있다. 특히 시장 하락기에 가장 먼저 무너지는 방식이기도 하다. 갭 투자의 수익은 오직 시세 차익에 기반하므로, 가격이 오르지 않거나 오히려 떨어질 경우, 수익이 아닌 손실이 고스란히 발생한다. 더 큰 문제는 전세 시세도 함께 하락하는 경우다. 전세가가 낮아지고, 기존 세입자가 이탈하면, 새로운 세입자에게 보증금을 이전 수준으로 받을 수 없게 된다. 이럴 경우 투자자는 보증금 차액을 직접 현금으로 마련해 돌려줘야 하며, 이를 '역전세 리스크'라고 한다. 현재와 같은 하락장에서는 갭 투자자가 이 역전세 부담을 감당하지 못해 경매로 넘어가는 사례도 적지 않다. 지방에는 매입가보다 전세가가 높은 지역도 발생했다. 특히 빌라가 그러한 현상이 많이 생겼는데, 그것 때문에 나중에 사회적 문제가 일어났다. 갑자기 정부에서 전세대출을 막는 바람에 전세 가격이 하락해 투자자들이 역전세 때문에 전세금을 돌려주지 못하고 파산하는 사태도 벌어졌다.

또한 갭 투자 시 발생하는 세금 부담도 무시할 수 없다. 취득세는 물론, 보유세(재산세, 종부세), 양도소득세 등 각종 세금이 발생하며, 다주택자일 경우에는 세율이 중과된다. 과거에는 세금 규제가 상대적으로 완화되었지만, 최근에는 정책에 따라 보유세와 양도세가 강화되는 흐름이 반복되면서 갭 투자 수익의 상당 부분이 세금으로 상쇄되는 상황도 빈번하다. 여기에 대출 규제 강화와 금리 인상도 겹치면, 초기 자금뿐 아니라 장기 보유에 대한 부담도 커진다.

결국 갭 투자는 상승장에서는 강력한 무기가 될 수 있지만, 하락장에서는 치명적인 약점이 될 수 있다. 성공적인 갭 투자를 위해서는 입지 분석, 전세 수요에 대한 철저한 파악, 보유 여력과 유동성 확보, 그리고 시장 흐름에 대한 민감한 판단력이 필요하다. 단순히 소액으로 접근할 수 있다는 점에만 주목하면, 투자자는 오히려 큰 위험에 노출될 수 있다. 갭 투자는 부동산 투자에서 '소액으로 큰 것을 사는' 강력한 지렛대 전략이지만, 그만큼 '지탱하지 못하면 먼저 무너지는' 구조이기도 하다. 성공적인 갭 투자를 위해서는 수익보다

리스크를 먼저 계산하는 태도, 그리고 '언제 팔고 어떻게 빠져나올 것인가'에 대한 출구전략이 반드시 동반되어야 한다. 시장은 늘 변하고, 가격은 오르기도 내리기도 한다. 그 가운데에서 잃지 않기 위한 전략이야말로, 진짜 투자자의 무기다.

실전 갭 투자 예시 사례로 매입가가 4억 5,000만 원이고, 전세가가 4억 원이면 실투자금은 5,000만 원이다. 만약 매도가가 5억 2,000만 원이라면 시세차익은 7,000만 원이 되고, 수익률이 140%가 되는 것이다. 즉, 5,000만 원 투자로 7,000만 원의 이익을 얻는 구조이며, 투자금 대비 수익률이 매우 높은 사례다. 물론 이것은 단순수익률이고, 순수익율은 여기에서 비용과 양도세를 빼야 한다. 다만, 이런 고수익 구조일수록 전세가 하락, 역전세 발생, 매도 지연 등에 매우 민감하므로, 실전에서는 입지와 전세 수요를 철저히 검토하고 접근하는 것이 중요하다.

갭이 적다고 무조건 매입하는 것은 금물이다. 예를 들어 동탄 1기 신도시에 갭이 엄청나게 붙은 적이 있다. 그러나 그것은 동탄 1기 신도시 아파트 소유자가 동탄 2기 신도시의 새 아파트로 이사 가기 위해 분양권을 사놓고, 입주 전 동탄 1기 신도시에는 전세로 많이 거주했기 때문이다. 매입자는 적고 전세로 살려는 사람이 많다 보니 갭이 붙은 것이다. 그 뒤 동탄 2기 신도시에 입주가 시작하면서 동탄 1기 신도시 세입자들이 일시적으로 빠져나가 당시 갭 투자한 투자자들이 역전세를 맞이해 어려움을 겪었다. 또한 소형 도시는 매매가 대비 전세가가 높아 항상 갭이 적다. 이러한 성격을 가진 지방 소도시에 투자하는 것을 수도권과 광역시에 투자하는 것과 같이 투자하다가는 실패할 확률이 높다.

갭 투자의 장단점

구분	장점	단점
자본 효율성	적은 초기 자금으로 부동산 소유 가능	전세가 하락 시 추가 자금 필요 위험
수익 기회	시세 상승 시 높은 수익률 가능	시세 하락 시 손실 가능성 큼.
레버리지 효과	대출 없이 임대보증금으로 투자 가능	전세보증금 반환 부담(역전세 리스크)
투자 접근성	초기에 큰 대출 없이 진입 가능	임차인 관리 및 법적 분쟁 가능성 존재

갭 투자 위험지수 진단표

NO	항목	위험 판단 기준
1	전세가율	전세가율 80% 이상이면 저위험, 60% 미만은 고위험
2	지역 전세 수요	전세 수요 풍부하면 저위험, 공급과잉 지역은 고위험
3	입지 경쟁력	교통·학교·상권 인접은 저위험, 외곽 지역은 고위험
4	전세금 반환 여력	보유 현금으로 전세금 차액 충당 가능하면 저위험
5	매도 시점 유연성	즉시 매도가 가능한 시장이면 저위험, 거래 절벽일수록 고위험
6	자금 유동성	현금 보유 비율 20% 이상이면 저위험
7	보유세 부담	보유세 연간 300만 원 이상이면 부담 증가
8	시장 흐름(상승/하락)	상승장은 저위험, 하락장 진입 시 고위험
9	대출 이자 부담	이자 비용이 수익률을 초과하면 고위험
10	정책/규제 영향	정책 예측 가능성이 낮고 규제 강화 중이면 고위험

소액으로 시작하는 부동산 투자
큰돈이 있어야 투자하는 것은 아니다

　부동산 투자는 오랫동안 '큰돈이 있어야만 할 수 있는 일'로 여겨져 왔다. 실제로 수억 원이 필요한 아파트 매매나 상가 구입은 대부분의 개인 투자자에게 높은 진입 장벽이었다. 하지만 최근에는 다양한 금융상품과 플랫폼의 등장으로 적은 금액으로도 부동산 투자에 참여할 방법들이 확산되고 있다. 여기서는 자본이 많지 않더라도 도전할 수 있는 소액 부동산 투자 방법 중 각 방식의 특징과 유의할 점을 살펴본다.

　리츠는 다수의 투자자들이 자금을 모아 상업용 부동산에 투자하고, 임대수익과 매각 차익을 배당으로 돌려주는 부동산 간접 투자 상품이다. 주식처럼 거래소에 상장된 리츠는 수만 원 단위로도 손쉽게 투자할 수 있으며, 부동산 가격 변동에 따라 자산 가치가 움직이기 때문에 주식과 유사한 형태로 수익을 추구할 수 있다. 또한 대부분의 리츠는 연 3~6% 수준의 배당수익률을 제공하며, 장기 보유 시 안정적인 현금 흐름을 기대할 수 있다. 리츠는 특히 상업용 부동산(오피스, 물류창고, 호텔 등)에 분산 투자할 수 있는 장점이 있어, 소액으로 부동산 시장 전반에 간접적으로 참여하고자 하는 투자자에게 적합하다. 다만 리츠 역시 부동산 경기의 영향을 받으며, 상장 리츠의 경우 주가 변동성도 존재하므로 중장기적인 안목이 필요하다.

크라우드 펀딩은 다수의 소액 투자자가 한 프로젝트에 참여하는 방식으로, 부동산 영역에서는 일정 규모의 상가나 오피스텔 신축 및 매입 프로젝트 등에 공동으로 투자하는 형태로 운영된다. 인터넷 기반 플랫폼을 통해 투자할 수 있으며, 최소 투자 금액이 1~10만 원 정도로 매우 낮은 것이 특징이다. 투자자는 일정 기간 투자금에 대한 이자 또는 수익 배당을 받게 되며, 프로젝트 종료 시 원금을 회수하게 된다. 다만 이는 실제 부동산 개발 및 운영과 직결되므로, 프로젝트 실패 시 원금 손실 가능성도 존재한다. 따라서 플랫폼의 신뢰성, 사업주의 이력, 투자 구조를 꼼꼼히 확인하는 것이 필수적이다.

부동산 조각 투자는 하나의 부동산 자산을 여러 명이 지분 형태로 나누어 소유하고, 임대수익이나 매각 차익을 지분에 따라 분배받는 구조다. 이는 실제 상가, 빌딩, 소형 오피스 등의 실물 자산에 투자하는 방식이며, 모바일 앱을 통해 간편하게 참여할 수 있어 최근 인기를 끌고 있다. 투자자는 적게는 수십만 원부터 참여할 수 있으며, 보유한 지분만큼의 수익을 정기적으로 배당받게 된다. 실물 부동산에 대한 간접 소유 경험을 할 수 있다는 점에서 매력적이지만, 해당 자산의 매각 시점이나 환금성에는 제한이 있으므로 장기적인 관점에서 접근해야 한다.

소형 오피스텔 또는 원룸 직접 투자도 있다. 만약 약간의 초기 자본과 대출 활용이 가능하다면, 실제 부동산을 매입하는 '소액 직접 투자'도 고려할 수 있다. 특히 역세권, 대학가, 직장 밀집 지역 등은 소형 오피스텔이나 원룸에 대한 수요가 꾸준하므로 소규모 투자자에게 유리한 시장이다. 이 경우 전세 보증금이나 월세를 활용해 일정한 이익을 얻을 수 있으며, 부동산 가격 상승 시 시세차익도 기대할 수 있다. 하지만 실물 자산을 직접 관리해야 해서 세입자 응대, 시설 관리, 세금 처리 등 다양한 운영 부담을 감수해야 한다.

지방이나 수도권 외곽에는 비교적 저렴한 가격에 매입할 수 있는 소형 토지가 다수 존재한다. 예를 들어 수백만 원대로 임야, 농지, 전답 등을 구입할 수 있으며, 장기적으로 개발 가능성이나 지역 인프라 확장에 따라 지가 상승을 기대할 수 있다. 다만 토지는 임대수익이 없고 환금성이 낮으므로 장기 투자 목적에 적합하며, 농지의 경우 '농지취득자격증명' 등 법적 요건을 갖춰야 하므로 사전 조사가 꼭 필요하다. 이러한 투자는 경매를 통해서 매입하면 저렴하게 구입이 가능하다. 지방, 특히 군 단위에는 전문 투자자들이 많이 투자하지 않으며, 군 단위에는 고령화되어 경매하는 사람도 적어 경쟁력에서 우위를 차지할 수 있다. 특히 하락기에는 반값에 매입할 수 있는 물건들이 상당히 많다. 필자도 요즘 군 단위 임야, 농지, 전답 등을 경매로 매입하기 위해 경매 사이트를 매일 보고 있다.

부동산 투자는 더 이상 큰돈을 가진 사람들만의 전유물이 아니다.

리츠, 크라우드 펀딩, 지분 투자 등 다양한 방식이 등장하면서 누구나 적은 금액으로도 부동산 시장에 참여할 수 있게 되었다. 중요한 것은 투자 금액의 많고 적음이 아니라, 투자자의 목적과 성향에 맞는 방식을 선택하고, 지속적인 학습과 관리로 리스크를 줄여 나가는 것이다. '작게 시작해, 꾸준히 키운다'라는 원칙을 지키며 접근한다면, 소액 투자도 훌륭한 자산 형성의 발판이 될 수 있다. 이제는 부동산 투자도 적은 돈으로, 스마트하게 시작하는 시대다. 특히 부동산 초보라면 큰 것부터 투자할 것이 아니고, 소규모 투자를 먼저 하기를 권한다. 처음부터 큰 물건에 투자했다가 잘못되면 부동산 투자에 흥미를 잃어버릴 수 있다. 작은 물건을 투자하면서 경험도 쌓고 지식도 쌓아가면서 점점 더 큰 물건으로 갈아타는 것이 리스크를 줄일 수 있기 때문이다.

투자 방식별 주요 특징과 유의 사항

투자 방식	최소 투자 금액	주요 특징	장점	유의사항 및 리스크
리츠(REITs)	수만 원	상업용 부동산에 간접 투자 주식처럼 거래 가능	안정적인 배당, 유동성 높음.	주가 변동성 존재, 부동산 경기 영향
부동산 크라우드 펀딩	1만 원~ 10만 원	프로젝트 단위 투자, 이자 또는 배당 수익	소액으로 다양한 프로젝트 참여 가능	플랫폼 신뢰도, 프로젝트 실패 시 원금 손실 가능
지분 투자 (조각 투자)	수십만 원	실물 부동산을 다수가 공동 소유, 수익 지분 분배	실물 자산 간접 경험, 모바일로 간편 투자 가능	유동성 낮음, 매각 제한
소형 오피스텔 투자	수백만 원~ 수천만 원	전세금·대출 활용 시 소액 직접 매입 가능	임대수익 + 시세 차익 기대	공실 리스크, 관리 부담, 세금 문제
지방 소형 토지 투자	수백만 원	수도권 외곽·지방 임야 전답 등 장기 보유 목적	지가 상승 가능성, 실물 자산 보유	환금성 낮음, 개발 제한, 법적 제약(농지 등)
청약/분양권 투자	계약금 수준	공공 분양 등 청약 당첨 시 낮은 진입 비용으로 부동산 확보 가능	시세차익 가능, 내 집 마련 수단	가점제, 실거주 요건, 전매 제한

실패하지 않는 임장 체크리스트
현장에서 모든 정보가 나온다

부동산 투자의 성패는 '현장에서 얼마나 발로 뛰었는가?'에 달려 있다고 해도 과언이 아니다. 아무리 좋은 자료와 데이터를 확보하더라도, 실제 부동산의 가치를 판단하는 데 있어 임장은 결정적인 역할을 한다. 현장을 직접 보고 느끼며, 수치로 보이지 않는 분위기와 위험 요소까지 파악하는 게 성공적인 투자와 거주의 출발점이다. 그렇다면 실패하지 않는 임장을 위해서는 무엇을 어떻게 살펴봐야 할까?

현장에 가기 전에는 반드시 지역의 시세, 실거래가, 주변 개발 호재, 학군, 교통 등 기본적인 정보부터 파악해야 한다. 국토교통부 실거래가 시스템, 네이버 부동산, 호갱노노, 카카오맵 등을 활용해 미리 공부해두기 바란다. 위성지도와 로드뷰를 통해 현장의 입지, 도로 흐름, 상권 위치, 인근 환경 등도 사전 점검한다. 한 곳만 방문하지 말고, 동일 지역 내 유사 매물을 2~3곳 이상 비교해보는 것이 좋다.

대중교통 접근성(지하철역, 버스 정류장), 주요 도로와의 거리, 차량 진출입이 용이한지 여부를 확인한다. 도보로 이동할 수 있는 거리에 마트, 병원, 약국, 은행, 카페, 편의점 등 생활 편의시설이 충분히 있는지 살펴보자. 초등학교, 중학교, 고등학교의 위치와 교육 수준, 통학 거리 등도 확인한다. 아이를 키울 계획이 있다면 필수 항목이다. 특히 작은 평수 아파트일 경우, 초등학교 학부모가 거주할 가능성이 높으므로 초등학교가 도보로 가능해야 하고, 대로변을 건너지 않아야 한다. 초품아 아파트인 경우 매매가 대비 전세가가 높아 유리하다. 초품아 아파트는 초등학교가 아파트 단지 안에 있는 것을 말한다. 낙후된 지역인지, 재개발 가능성이 있는지, 야간 조명이나 방범 시설이 갖춰졌는지도 체크하자. 지역의 전반적인 청결도도 중요한 판단 기준이다.

외벽 도색, 균열 여부, 외부 계단과 난간, 우편함 상태 등 건물의 유지보수 상태를 점검하자. 주차장이 충분한지, 지하 주차장 구조는 안전한지, 주차장 출입이 편리한지 확인한다. 입주민 출입 시스템인 출입문 보안, CCTV 유무, 인터폰 시스템 등 보안 시설을 꼼꼼히 봐야 한다. 건축 연도 및 리모델링 여부 등 노후화된 건물은 유지비가 많이 들 수 있으므로, 리모델링 이력이 있는지도 체크하자.

햇빛이 얼마나 잘 드는지, 바람의 통풍은 원활한지를 확인한다. 남향 여부와 창문 위치도 중요하다. 벽체나 바닥을 손으로 두드려 보면 방음 상태를 간접적으로 확인할 수 있다. 벽지나 창틀, 구석진 곳에 곰팡이나 물 자국이 있는지 확인하면 결로 문제를 예방할 수 있다. 수도꼭지 작동 여부, 온수 체크, 콘센트 위치 및 수, 누전 차단기 등의 작동 여부도 놓치지 말아야 한다. 하수구 냄새, 외부 소음 등은 살다 보면 큰 스트레스가 될 수 있으므로 직접 느껴보는 것이 중요하다.

현장에서는 가능하면 주변 상가 주인이나 인근 거주민에게 이 지역의 분위기, 소음 문제, 치안, 입주자 구성 등에 대해 자연스럽게 물어보자. 인터넷 정보에서는 알 수 없는 생생한 정보를 얻을 좋은 기회다. 낮과 밤, 평일과 주말을 비교해서 임장하면 같은 장소라도 분위기가 달라질 수 있다. 특히 야간 조도, 소음, 치안 상태는 꼭 확인해야 한다. 누수나 배수 상태를 확인할 수 있으므로, 비 오는 날의 임장은 큰 도움이 된다.

임장은 단순히 '집을 보러 가는 것'이 아니라, '그 집에서 살아갈 미래'를 미리 경험해보는 과정이다. 작은 요소 하나하나가 향후 생활의 질과 투자 수익률을 좌우할 수 있다. 실패하지 않는 임장을 위해서는 철저한 사전 조사, 세심한 관찰력, 그리고 시간대별 비교가 필수다. 부동산은 '눈으로 직접 보는 것' 이상의 정보가 담겨 있는 자산이기에, 임장을 통해 그 가치를 온전히 파악하는 것이 진정한 투자자의 자세다.

실패하지 않는 임장 체크리스트

1. 임장 전 준비
☐ 부동산 시세, 실거래가, 개발계획 등 사전 조사
☐ 국토교통부 실거래가 시스템, 네이버 부동산 확인
☐ 위성지도/로드뷰로 동선 및 주변 환경 미리 보기
☐ 비교 대상 매물 2~3곳 사전 선정

2. 외부 환경 확인
☐ 지하철역, 버스 정류장과의 거리 확인
☐ 주요 도로 접근성과 차량 진출입 확인
☐ 마트, 편의점, 병원, 은행 등 생활 편의시설 점검
☐ 초등학교, 중학교 등 통학 거리 및 학군 평가
☐ 골목 분위기, 청결도, 조도 및 방범 시설 확인
☐ 유흥시설, 노후 건물, 공터 등 유해 요소 확인

3. 건물 외관 및 관리 상태
☐ 건물 외벽 도색 상태 및 균열 유무
☐ 우편함, 계단, 복도 등의 청결도
☐ 주차장 유무, 주차 가능 대수, 출입 편의성
☐ 출입문 보안 시스템, CCTV 등 보안 시설 점검
☐ 엘리베이터 및 공용 시설 상태
☐ 건축 연도 및 리모델링 여부 확인

4. 내부 공간 점검

☐ 채광 상태(일조량), 남향 여부 확인
☐ 환기 가능 여부 및 창문 크기 확인
☐ 곰팡이 흔적, 결로 자국 유무
☐ 수압 확인, 온수 작동 여부 체크
☐ 콘센트 개수와 배치, 누전 차단기 작동 여부
☐ 하수구 냄새, 외부 소음 여부 확인
☐ 층간소음 및 방음 상태 간접 점검

5. 주민 또는 부동산 공인중개사와의 대화

☐ 인근 상가/주민과 대화 시도(지역 분위기 파악)
☐ 민원 유무, 소음, 치안 관련 정보 확인
☐ 향후 개발계획, 입주민 구성 정보 청취
☐ 인근 부동산 중개업소에서 시세/수요 확인

6. 시간대별 임장

☐ 평일 낮 임장 완료
☐ 평일 밤 임장 완료(조도, 치안 확인)
☐ 주말 임장 완료(유동 인구 및 소음 확인)
☐ 비 오는 날 임장(누수 및 배수 확인)

신축 vs 구축, 무엇을 선택할 것인가?
'얼죽신'만이 정답일까?

주거용 부동산을 선택할 때 흔하게 마주하는 고민 중 하나가 바로 '신축을 살 것인가? 구축을 살 것인가?'다. 신축은 말 그대로 최근에 지어진 새 건물, 구축은 비교적 오래된 기존 건물을 의미한다. 외형만 보면 당연히 신축이 더 좋아 보일 수 있지만 가격, 입지, 관리비, 개발 가능성 등 여러 요소를 따져보면 결코 단순한 문제는 아니다. 신축과 구축의 선택은 단순한 취향 문제가 아니라, 투자 성향과 목적, 생활패턴에 따라 달라지는 전략적 선택이다. 그 판단 기준을 다음과 같이 정리할 수 있다.

신축은 최신 설비와 건축 기술이 적용되어 내부 마감이 우수하고 하자 발생 가능성이 작다. 에너지 효율이 높고, 스마트홈 기능 등이 탑재된 경우도 많아 편의성이 뛰어나다. 하지만 초기에는 관리비가 높게 책정되는 경우가 많다. 구축은 시간이 흐름에 따라 노후화된 설비로 인한 유지보수 비용이 발생할 수 있다. 그러나 관리비가 안정적으로 낮게 유지되는 단지도 많고, 일정 이상 시간이 지난 아파트는 큰 하자 발생 가능성도 줄어들 수 있다. 판단 포인트로는 주거 편의성과 설비 최신화가 중요하다면 신축, 안정적 관리비와 일정 비용 세이빙을 원한다면 구축을 선택하면 된다.

신축은 분양가나 매매가가 높게 형성되어 초기 진입 비용이 많이 든다. 다만 입주 초기 프리미엄이 붙는 경우가 많아 단기 차익을 노릴 수 있다. 구축은 가격이 상대적으로 저렴하고, 실거래 사례가 많아 가격 예측이 쉽다. 입지에 따라 리모델링 또는 재건축 기대감이 반영되어 추가적인 상승 여력이 있는 단지도 존재한다. 판단 포인트로 높은 진입 장벽을 감수하고도 최신 상품성과 프리미엄을 원한다면 신축, 실거주와 중장기 가치 상승을 기대한다면 구축을 선택하면 된다.

신축은 신도시나 외곽 지역에 공급되는 경우가 많으며, 생활 인프라가 아직 덜 갖춰졌을 수 있다. 다만 향후 개발에 따른 생활 여건 개선이 기대된다. 구축은 대부분 오래된 시가지나 도심에 있으며, 교통, 학군, 상권 등 생활 인프라가 잘 형성되어 있다. 실거주 만족도가 높은 경우가 많다. 판단 포인트로 당장 생활 편의성을 중시한다면 구축, 향후 인프라 확장 가능성을 본다면 신축을 선택하면 된다.

신축은 입주 초기에 시세가 급등할 가능성이 있으나, 일정 시점 이후에는 가치 상승 속도가 둔화되는 경우도 많다. 재건축 기대감은 낮다. 구축은 재건축 연한 도래에 따라 장기적으로 재건축 또는 리모델링 이슈가 발생할 수 있으며, 이에 따른 가격 상승 여력이 존재한다. 특히 서울과 같은 규제 지역에서는 구축에 대한 수요가 꾸준하다. 특히 강남의 구축은 재건축에 대한 기대가 많아 가격이 엄청나게 상승해 있다. 역시 입지가 가격을 말해준다. 판단 포인트로 단기 수익을 원한다면 신축, 장기 보유와 재건축 프리미엄을 노린다면 구축을 선택하면 된다.

신축은 청약을 통해 접근할 수 있는 경우가 많으며, 무주택자·신혼부부·청년 등에게 유리한 제도가 많다. 당첨만 된다면 시세차익을 기대할 수 있다. 구축은 매물 접근이 쉽고, 실거래를 통해 바로 계약과 입주가 가능하다. 기다릴 필요 없이 실수요자에게는 더 현실적인 선택이다. 판단 포인트로 기다릴 수 있고 청약 가점이 높다면 신축, 바로 입주나 빠른 거래를 원한다면 구축을 선택한다.

신축과 구축의 선택은 '어떤 삶을 살고 싶은가?', '얼마나 오랫동안 머물 것인가?', '투자와 실거주 중 어떤 것이 더 중요한가?'라는 질문에 대한 답으로 결정된다. 실거주 중심, 입지 우선, 리스크가 적은 것은 구축이 유리하고 상품성 우선, 쾌적한 환경, 단기 프리미엄은 신축이 유리하다고 볼 수 있다. 두 선택 모두 장단점이 뚜렷하므로, 절대적인 정답은 없다. 하지만 자신의 재무 상황, 생활 방식, 투자 계획에 따라 충분한 비교와 검토를 거친다면 후회 없는 선택을 할 수 있다. 요즘 MZ세대에게는 '얼죽신'이라는 단어가 유행이다. '얼죽아(얼어 죽어도 아이스)'처럼 '얼어 죽어도 신축'이라는 의미다. 앞으로의 가격 상승이나 입지보다도 깨끗하고 지금의 편리성을 더 중요시하는 현시대를 반영해주는 단어라고 생각한다.

신축과 구축 판단 기준 비교표

비교 항목	신축	구축
건물 상태 및 관리비	최신 설비 편의성 좋음, 초기 관리비 다소 많이 듦.	노후 설비 가능성, 관리비 안정적, 유지보수 필요
가격 및 프리미엄	분양가 및 매매가 높음, 초기 프리미엄 기대 가능	가격 비교적 저렴, 시세 예측 쉬움, 리모델링 여력
입지 및 생활 인프라	신도시/외곽 분포, 인프라 부족할 수 있음.	도심/기존 시가지, 인프라 풍부
투자 가치 및 개발 가능성	단기 시세 상승 기대, 재건축 기대감 낮음.	재건축/리모델링 기대, 장기 상승 여력 존재
청약 vs 실거래 접근성	청약 통해 접근, 당첨 시 시세차익 가능	실거래 접근 용이, 바로 계약 및 입주 가능

제8장

부동산 공부, 어떻게 해야 하나?

뉴스와 정책 읽는 법
시장을 읽는 눈을 길러야 한다

부동산 시장은 단순히 수요와 공급만으로 움직이지 않는다. 정부의 정책, 언론의 보도, 사회적 분위기, 국제경제 흐름 등이 유기적으로 작용하면서 시장의 방향을 결정짓는다. 특히 부동산은 정부 개입이 매우 크고, 규제와 혜택이 시시각각 바뀌는 자산이기 때문에 정책과 뉴스를 어떻게 해석하느냐에 따라 투자 판단의 질이 달라진다. 뉴스는 흐름을 읽는 도구이고, 정책은 방향을 알려주는 신호등이다. 그러나 언론 보도는 언제나 객관적이지 않으며, 정부의 정책 또한 발표 의도와 실제 효과 사이에 간극이 존재하기 때문에 단순히 받아들이기보다는 해석하는 능력이 필요하다. 다음은 뉴스와 정책을 읽고 해석할 때 반드시 기억해야 할 핵심 원칙들이다.

어떤 부동산 정책이 발표되었을 때는 '무엇을 발표했는가?'보다 '왜 발표했는가?'를 먼저 생각해야 한다. 예를 들어 대출 규제를 강화하는 정책이 나왔다면, 이는 시장의 과열을 진정시키기 위한 것이며, 반대로 생애 최초 주택 구입자에게 혜택을 늘린다면 거래량을 늘리고자 하는 의도다. 또한, 정부가 규제하려는 대상은 누구(투자자, 다주택자, 실수요자 등)인가? 어느 지역(수도권, 비규제 지역 등)을 겨냥하고 있는가? 단기적인 시장 반응을 유도하려는 것인가? 구조적인 변화 유도인가? 정책은 늘 시장의 흐름을 따라가거나 그에 선제적으로 반응하기 때문에 정책이 나온 시점의 시장 분위기와 함께 해석해야 한다.

뉴스의 제목은 자극적이고 단편적일 수 있다. 예를 들어 '서울 아파트값 폭등'이라는 제목이 있어도, 실제 기사 내용을 보면 상승률은 0.1%에 불과할 수도 있다. 반대로 '부동산 침체'라는 제목 아래에는 특정 지역에 국한된 사례만 인용되어 있을 수도 있다. 따라서 수치와 통계가 정확히 어떤 지표에서 나왔는지 확인한다(예 : KB, 감정원, 국토교통부, 민간 데이터 등). 또한, 전체 시장의 흐름인지, 특정 지역의 일시적 현상인지 구분한다. 과거 대비 얼마나 변화했는지를 읽는다. 전년 대비, 전월 대비 등 기준이 중요하다. 뉴스는 현상을 알려주지만, 그 원인과 맥락은 독자가 읽어내야 한다.

한편 정책이 발표되었다고 해서 바로 적용되는 것도 아니다. 언제부터 시행되는지, 누구에게 해당하는지, 어떤 요건이 필요한지를 꼼꼼히 확인해야 한다. 예를 들어 LTV 규제가 바뀐다고 할 때, 시행일 이전에 계약했는지 이후에 했는지가 적용 여부를 가른다. 청약제도가 개편되면 어느 지역부터 적용되는지, 무주택 기간이나 청약통장 조건은 어떻게 바뀌는지를 봐야 한다. 종합부동산세가 완화되었다면, 과세 기준일이 언제이고, 과세 대상은 어떤 사람들인지 따져야 한다. 요약하자면, '정책이 나왔다'가 아니라 '나에게 적용되느냐?'가 핵심이다.

모든 뉴스가 중립적인 것은 아니다. 언론사마다 시선이 다르고, 정부 발표 자료도 수치의 해석 방법에 따라 전혀 다른 결론이 나올 수 있다. 정부 자료는 정책 방향을 기준으로 작성된 것이며, 민간 자료(KB, 부동산R114, 직방 등)는 시장 반응을 중심으로 한다. 경제지, 지역 언론, 부동산 전문지마다 관점이 다르므로 여러 출처를 비교하는 습관을 갖자. SNS나 유튜브에서 퍼지는 정보는 확인되지 않은 경우도 많으므로 검증할 수 있는 출처를 기준 삼아야 한다.

특히 최근에는 감사원 조사 결과, 과거 정부에서 부동산 관련 통계가 수차례 왜곡, 조작된 사실이 확인되었다. 부동산이 너무 폭등하거나 너무 하락하면 정치적으로 큰 타격을 받기 때문에 정부에서는 너무 오르는 것도 싫어하고, 너무 내리는 것도 싫어한다. 따라서 정부 발표나 전문가들이 발표하는 자료는 참고만 하길 바란다. 그리고 요즘 빅데이터를 통해 많은 정보들이 민간 단체에서 제공하니 스스로 판단할 수 있는 능력을 길러야 할 것이다. 오히려 정부에서 발표한 자료보다 민간 단체에서 발표하는 자료가 더 정확하다는 게 안타깝다.

필자는 요즘 손품왕(www.sonpum.com)이라는 빅데이터를 많이 참고한다. 과거에는 KB부동산시계열 자료와 한국부동산원 빅데이터를 많이 봤으나 손품왕은 모든 데이터를 가지고 표와 그래프로 쉽게 볼 수 있도록 만들어주어서 클릭만 하면 쉽게 전국 부동산의 흐름을 객관적으로 파악할 수 있다. 특히 하락론을 펼치는 유튜브를 조심해야 한다. 우리나라의 무주택 가구는 일반 가구 2,207.3만 가구 중 약 961.8만 가구가 무주택 상태다. 전체 일반 가구의 약 43.6%(통계청 '2023년 주택소유통계' 기준)이므로 하락을 원하는 사람들이 많아 조회수를 노리는 무조건적인 하락론을 펼치는 경우가 많다.

정책이나 뉴스는 단발성 정보이지만, 부동산 시장은 장기적인 흐름 속에서 움직인다. 2020년대 초반의 강력한 규제 기조, 이후 완화되는 흐름, 그리고 다시 조정되는 모습까지 하나의 연속선으로 봐야 한다. 과거의 유사한 정책이 어떤 결과를 낳았는지 비교 분석해보자. 단기적 반등이나 하락보다 기조의 변화에 집중해야 한다. 금리, 인구, 공급량, 경기 흐름 등 거시적 요소와 함께 연동해서 해석해야 한다. 부동산 뉴스와 정책은 그것 자체가 답이 아니라, 올바른 판단을 위한 재료다. 그 재료를 어떻게 조합하고 해석하느냐에 따라, 위기를 기회로 만들 수도 있고, 기회를 위기로 만들 수도 있다. 정책을 읽는 사람은 흐름을 잡고, 뉴스에 휘둘리는 사람은 타이밍을 놓친다. 정보가 넘쳐나는 시대다. 중요한 것은 '어떻게 볼 것인가?'의 안목이다. 뉴스는 항상 벌어진 일을 이슈화하기 때문에 늦게 들어가는 경우가 많다. 그래서 타이밍을 놓친다는 것이다.

특히 전문가라고 나오는 사람들이 누구인지 정확하게 파악해야 한다. 정부 정책에 따라서 객관적인 이야기를 하는 것보다는 정부나 매스컴의 눈치를 보는 전문가, 부동산 전문가가 아닌 주식, 펀드, 은행, 펀드 매니저 등의 전문가들이 부동산에 관한 예측을 하는 경우가 다반사다. 필자는 부동산 미래를 예측하는 기사를 보면 그 사람이 어떠한 일을 하고 있는지, 어디 소속인지, 과거에 어떠한 발언을 많이 했는지를 파악해본다.

뉴스와 정책 읽는 법

구분	읽는 포인트	체크해야 할 사항	주의사항
뉴스	제목과 리드 (서두)	· 기사 작성 시점 · 출처 및 인용 여부	선정적 표현, 과장된 전망 주의
	본문 내용	· 사실과 의견 구분 · 주요 수치, 데이터	감정적 단어 사용에 흔들리지 말기
	기사 맥락	· 경제, 정치, 사회 흐름과 연관성	단편적 기사만 보고 판단하지 않기
정책	발표 주체	· 정부 부처, 지자체, 공공기관 등	비공식 발언과 구별하기
	정책 목적과 배경	· 문제 해결 목적, 이해당사자 분석	발표 의도(정치적 목적 등) 고려하기
	세부 내용 (시행 시기, 대상, 방식)	· 구체적 수혜자, 적용 지역, 시기	표면적 수혜자만 보지 말고 전체 구조 보기
	후속 조치 및 예산 확보 여부	· 후속 입법 예산안 통과 여부	발표만 하고 실현되지 않는 경우 주의

투자 고수들의 공통 습관
투자 고수는 다르게 행동한다

투자에서 성공한 사람들을 보면, 단순히 운이 좋았던 것은 아니다. 대부분 고수는 처음부터 특별하지 않았지만, 꾸준히 자신만의 기준을 세우고, 그것을 습관으로 만들어온 사람들이다. 그들은 겉으로는 평범해 보이지만, 시장을 대하는 태도, 판단의 기준, 행동의 순서에서 분명한 차이를 보인다. 투자 고수들은 늘 배우려는 자세를 가지고 있다. 과거의 성공에 안주하지 않고, 시장이 변하면 자신도 변해야 한다는 사실을 알고 있다. 경제 흐름, 정책 변화, 수요자 트렌드 등을 꾸준히 공부하며 정보력을 유지한다. 그들은 책을 읽고, 강의를 들으며, 데이터를 분석하고, 현장을 발로 뛰며 자신만의 지식을 쌓아간다. '나는 아직도 배우는 중이다'라는 자세, 학습을 통해 확신을 만들고, 확신을 근거로 움직인다. 뉴스와 정책, 데이터에 민감하게 반응하며 해석하는 힘을 기른다.

고수들은 시장을 감정으로 판단하지 않는다. 가격이 오를 것 같은

'느낌'이나, 주변 분위기에 휘둘리기보다는 실제 데이터를 통해 판단한다. 수익률, 위험도, 공급량, 거래량 등 수치로 설명할 수 없는 투자에는 신중하게 접근한다. '좋다더라'는 말보다 '수치상 이렇다'라는 사실을 중시하고, 감정은 의사결정의 장애물이라는 인식이 있다. 철저한 분석과 시뮬레이션 후에 매수 결정을 내린다.

투자 고수들은 각자의 철학과 기준을 갖고 있다. 그것은 특정 지역 선호일 수도 있고, 수익률 기준일 수도 있으며, 리스크 허용 범위일 수도 있다. 중요한 것은 그 기준이 외부 요인에 따라 쉽게 흔들리지 않는다는 점이다. 원칙이 없으면 시장의 흐름에 휩쓸리기 쉽고, 충동적인 판단으로 이어진다. '나는 이런 경우에만 투자한다'라는 분명한 신념이 있으며, 유행보다는 자기만의 기준을 따른다. '하지 않는 투자'를 정해놓고 일관되게 지킨다.

투자 고수들은 자신이 어떤 판단을 내렸고, 그 결과가 어땠는지를 항상 기록하고 복기한다. 성공한 투자뿐 아니라 실패한 사례도 자세히 기록하며, 다음 투자에 참고한다. 메모, 투자 일지, 수익률 분석 등을 통해 자신의 사고를 객관화하고, 실수를 반복하지 않도록 한다. 매매 이유, 타이밍, 당시 시장 상황 등을 기록한다. 실패를 감정으로 넘기지 않고 분석으로 풀어낸다. 자신만의 노트를 통해 학습 효과를 극대화한다.

고수들은 때로는 아무것도 하지 않는 것이 최고의 투자라고 말한다. 좋은 기회가 올 때까지 기다리는 능력은 많은 초보 투자자가 간과하는 요소다. 그들은 시장의 상승기에도 무리해서 따라가지 않으며, 하락기에도 겁먹고 매도하지 않는다. '기회는 다시 온다'라는 확신이 있다. 타이밍보다 '기준'을 기다리는 태도를 가진다. 시장의 조정기를 오히려 준비의 시간으로 활용해 공부를 꾸준히 하며 매수 기회를 엿본다. 많은 사람이 상승장이 오면 열심히 공부하고 임장하지만, 하락기가 오면 부동산에 관해 관심을 끊어버린다. 오히려 하락기에 공부와 임장을 다녀야 상승 초입에 매입할 기회를 잡을 수 있을 것이다.

특히 부동산 투자 고수들은 현장을 가장 중요하게 생각한다. 아무리 좋은 데이터가 있어도, 실제 임장을 통해 동네의 분위기, 상권의 흐름, 입주 상태 등을 직접 확인하지 않으면 결정을 미루는 경우도 많다. 눈으로 보고, 발로 뛰는 과정을 통해 '체감되는 확신'을 만든다. 온라인 정보보다 현장의 느낌을 신뢰하고 꾸준하게 임장을 다녀야 할 것이다. 상권 변화, 교통 흐름, 생활 편의시설까지 직접 확인하고 거주자, 상인, 부동산 중개인 등 사람과의 대화에서 정보를 얻어야 한다.

습관은 운보다 강하다. 투자 고수들의 공통된 습관은 화려하지 않다. 특별한 비밀 전략이 있는 것도 아니다. 그들은 매일의 반복 속에서 성장하고, 실패 속에서 배운다. 공부하고, 판단하며, 기록하고, 기다리고, 실천하는 이 모든 습관이 결국 '성공하는 사람'과 '실패하는 사람'을 가른다. 투자는 한 번의 선택이 아니라, 수많은 판단의 연속이다. 그 판단을 단단하게 만들어주는 것이 바로 투자자의 습관이다. 혹시 처음 투자하는 데 자신이 없어서 어떻게 해야 하는지 잘 모르겠다는 사람이 있을 것이다. 그러한 사람은 직접 투자해서 수익을 본 선배를 따라서 한번 경험해보는 것을 추천한다. 말로만이 아닌 실전 투자자를 따라다니면서 투자를 직접 경험을 해보는 것이다. 그러나 무리한 투자는 절대 금물이다.

부동산 투자 습관

구분	좋은 습관	설명
시장 체크	매일 뉴스·시세 확인	흐름과 변동 감지
기록	실거래가 직접 기록	데이터로 판단 근거 마련
현장 답사	발로 직접 가보기	실제 분위기 파악
리스크 관리	최악의 상황 대비하기	공실·금리 리스크 준비
장기 관점	5~10년 흐름 보기	단기 변동에 흔들리지 않기

지역별 시세 보는 법
부동산에서 태어나 부동산에서 죽는다

부동산 시장은 전국이 하나의 흐름으로 움직이지 않는다. 지역마다 상황이 다르고, 같은 도시 안에서도 동네마다 온도가 다르다. 그러므로 부동산 시세를 볼 때는 단순히 평균 가격을 보는 것이 아니라, 지역별 특성과 흐름을 읽는 분석력이 필요하다. 시세는 단순한 가격표가 아니라, 그 지역의 수요와 공급, 미래 가치, 투자 심리가 반영된 결과물이다. 지역별 시세를 올바르게 읽는다는 것은 곧, 그 지역의 현재와 미래를 해석하는 능력을 갖추는 것과 같다. 다음은 시세를 보는 데 있어 핵심적으로 고려해야 할 기준과 방법들이다.

많은 사람이 네이버 부동산이나 KB 시세만 보고 '이 동네는 얼마다'라고 판단하지만, 그것은 단지 현재 시점의 정지된 가격일 뿐이다. 중요한 것은 그 가격이 어떤 흐름 속에 있는지다. 최근 몇 개월 동안 상승 중인지, 하락 중인지 거래량이 많아지고 있는지, 줄어들고 있는지 호가는 오르고 있지만, 실제 거래는 이루어지고 있는지를 계속 파악해야 한다. 예를 들어, 8억 원짜리 아파트가 계속 거래되면서 가격이 유지되고 있다면 안정적인 흐름이지만, 호가는 8억 원인데 실거래는 7억 원에 끊긴다면 시장은 이미 하락세에 진입한 것이다.

지역 시세를 분석할 때 흔히 '평균 가격'에 의존하기 쉽지만, 평균은 실제 시장의 디테일을 놓치게 만든다. 같은 아파트 단지라도 층수, 향, 타입, 리모델링 여부에 따라 가격은 천차만별이다. 그러므로 다음과 같은 구체적인 항목을 함께 살펴보는 것이 중요하다. 실거래가는 국토교통부 실거래가 공개시스템을 활용하고, 호가는 네이버 부동산, 부동산플래닛, 호갱노노 등을 비교해야 한다. 매물 수는 매물이 줄고 있다면 공급 압박, 매물이 늘고 있다면 매도세 우위라고 보면 된다. 거래량은 KB, 한국부동산원 주간/월간 거래 데이터를 참고하길 바란다. 시세란 단순히 가격이 아니라 시장에서 거래가 실제로 이루어진 금액을 말한다. 따라서 실거래가와 호가의 차이가 클수록 시장은 불안정하다는 신호로 해석할 수 있다. 요즘 빅데이터를 통해서 한곳에 모아 놓은 사이트들이 많다. 예를 들어 앞서 언급한 손품왕이라든가 리치고 사이트, 그리고 부동산지인이 대표적이다.

'서울 강남구'의 평균 시세만 보아서는 진짜 시장을 알 수 없다. 강남구 안에도 압구정과 개포는 다르고, 도곡과 세곡은 전혀 다른 흐름을 보인다. 시세는 구 단위보다 동 단위, 그리고 단지 단위로 좁혀서 봐야 실질적인 판단이 가능하다. 동 단위, 시세 차이 확인은 학교, 교통, 학군 등 인프라 영향을 받는다. 단지별 시세 비교를 통해 구축과 신축의 시세 차이, 브랜드 아파트 여부도 확인한다. 공급 예정 여부 확인으로 인근 신축 입주 물량 여부도 시세에 영향을 미친다. 입지가 좋은 지역이라도, 너무 많은 입주 물량이 예고되어 있다면 일시적으로 시세가 눌릴 수 있고, 반대로 저평가된 구축 단지가 재건축 추진 중이라면 미래 시세 상승 여지가 크다.

전세가율은 매매가 대비 전세가의 비율로, 지역의 수요와 투자 심리를 읽을 수 있는 중요한 지표다. 전세가가 높다는 것은 실수요가 많고 안정적인 지역일 가능성이 높으며, 반대로 전세가가 급락하고 있다면 수요가 빠져나가고 있다는 신호일 수 있다. 전세가율이 80% 이상일 경우 실수요 기반의 투자는 안정성이 있다고 생각하면 된다. 전세가율이 50~60% 이하일 경우는 갭 투자 부담이 크고, 투자 리스크도 존재한다. 전세가 상승 여부는 실입주 수요 강세 여부 판단 지표로 활용한다. 전세가가 오르면서 매매가도 따라 올라가는 구조인지, 매매가만 과도하게 오른 '거품' 상태인지 반드시 비교해야 한다.

시세는 단지 현재 시장 상황만으로 결정되지 않는다. 해당 지역의 개발 호재, 재건축 가능성, 규제 지역 여부, 신규 공급 계획 등이 복합적으로 작용한다. 택지지구, 역세권 개발, 재개발 구역 지정 여부, 청약 경쟁률, 분양가 수준, 향후 입주 물량, 조정지역/투기과열지구 여부는 대출 및 세금 제한 영향을 받는다. 예컨대, 시세는 낮지만, 재개발 예정지로 지정된 지역은 단기 시세보다는 향후 프리미엄 형성 가능성을 염두에 두고 판단해야 한다.

지역별 시세는 단순한 가격 비교가 아니라, 그 지역의 흐름과 심리를 종합적으로 해석하는 작업이다. 현재 가격뿐 아니라, 가격의 방향성과 힘, 시장 참여자들의 반응까지 함께 읽어야 제대로 된 판단이 가능하다. '왜 이 가격인가?'라는 질문을 반복하라. '이 지역의 다음 변화는 무엇인가?'를 예측하라. 숫자를 보는 눈과 맥락을 읽는 귀를 함께 키워야 한다. 시세는 단지 결과일 뿐이다. 그 뒤에 있는 원인과 흐름을 볼 줄 아는 사람이 결국 미래를 준비하는 투자자가 된다. 부동산 투자는 단거리가 아니고 장거리이자 마라톤이다. 평생 해야 하는 게 부동산 투자다. 우리는 부동산에서 태어나 부동산에서 죽는다. 먼저 내가 거주하는 인근 부동산부터 공부를 시작하면 될 것이다.

지역별 시세 보는 법

구분	확인 방법	체크 포인트
매매 시세	실거래가 공개 시스템, 네이버 부동산	최근 3~6개월 실거래가 흐름
전세 시세	실거래가, 주변 중개사 문의	전세가 변동 폭, 매물 수량
공급 물량	청약 일정, 입주 예정 단지 확인	공급 과잉 여부
개발 호재	지자체 홈페이지, 뉴스 검색	진행 단계(계획/착공/완공)
수요 변화	인구 이동 통계, 일자리 변화	유입 인구 vs 유출 인구

스스로 매물 분석하는 연습
자신만의 투자 마인드를 정립하자

부동산 투자든 내 집 마련이든, 그 출발점은 '매물'이다. 어떤 매물을 어떻게 보고, 그 안에서 기회를 발견하느냐에 따라 그 선택의 성패가 갈린다. 많은 초보 투자자가 처음에는 전문가나 중개사의 말에 의존하지만, 장기적으로는 스스로 매물을 분석하고 판단할 수 있는 능력을 갖춰야 시장에서 흔들리지 않는다. 매물 분석이란 단순히 가격이 비싸냐, 싸냐를 따지는 것이 아니다. 입지, 구조, 수요, 공급, 미래 가치 등 다양한 요소를 자신만의 기준으로 종합 평가하는 과정이다. 다음은 스스로 매물 분석 능력을 키우기 위한 실전적인 연습 방법과 접근법이다.

가장 좋은 연습법은 실제 매물 사이트(예 : 네이버 부동산, 부동산플래닛 등)에 들어가서 마음에 드는 매물을 하나 골라놓고, 가상으로 분석을 시작해보는 것이다. 분석 항목은 다음과 같이 단계적으로 구성할 수 있다. 기본 정보 확인은 주소, 평형, 가격, 층수, 건축 연도 등이다. 입지 조건 파악은 역세권 여부, 초등학교 거리, 편의시설 유무, 학군 등을 본다. 시세 비교로 인근 단지와의 실거래가 비교, 같은 단지 내 매물 간 가격을 비교해본다. 전세가 확인은 매매가 대비 전세가 비율을 확인(전세가율 계산)한다. 공급 여부 점검은 인근에 신규 아파트, 재개발 예정 단지가 있는지 조사한다. 이렇게 기본적인 틀을 가지고 여러 매물을 분석하다 보면, 점점 비슷한 가격이더라도 더 좋은 입지를 가진 매물, 혹은 저렴하지만 리스크가 큰 매물을 가려낼 수 있는 눈이 생긴다.

분석의 핵심은 '가격'에 대한 해석이다. '같은 평형이라도 왜 이 집은 6억 원이고, 저 집은 5억 원일까?' 하며 가격 차이의 이유를 하나씩 찾아가는 과정이 바로 분석의 본질이다. 방향과 층수 차이 때문일 수도 있고, 리모델링 여부나 건물 상태에 따라 가격이 달라지기도 한다. 공인중개사의 설명에 과장이 있는지 확인해볼 필요도 있다. 실거래가 시스템을 통해 최근 거래된 매물과의 차이를 비교해보고, 이 매물이 적정가인지, 거품이 있는지, 혹은 저평가인지 판단해보는 훈련이 필요하다. 이 과정을 반복하다 보면, 자연스럽게 매물에 대한 직관력이 생긴다.

오프라인 임장은 실력을 빠르게 올릴 기회다. 온라인에서 분석했던 매물을 실제로 방문해서 비교해보면, 데이터만으로는 알 수 없었던 요소들을 체감하게 된다. 주변 분위기, 동네 청결도, 입주민 구성, 실제 햇빛, 통풍, 소음, 진입 동선, 건물 외벽 상태, 주차장 구조, 상가 활성도 같은 이런 직접 경험이 쌓일수록, 눈으로 보는 것과 숫자로 보는 것의 해석력이 통합되며 진짜 분석가가 된다.

단순히 '좋은 매물'이라고 생각하는 것에서 끝나는 게 아니라, 이 매물을 사게 된다면 어떤 전략을 쓸 것인지 시뮬레이션해보는 것도 중요하다. 실거주 vs 투자 중 어떤 목적인지, 대출을 얼마까지 받을 수 있을 것인지, 전세를 끼고 사는 갭 투자를 할 것인지, 월세 수익형으로 매입할 것인지를 먼저 선택하자. 이 과정을 통해 매물을 단순한 '집'이 아닌 '자산'으로 바라보는 눈을 기를 수 있다. 나아가 '지금은 안 사지만, 이 정도 조건이면 괜찮겠다'라는 자기만의 기준선이 생기기 시작한다.

처음에는 복잡하고 어려워 보이지만, 스스로 매물을 분석하는 연습은 반복할수록 간결해진다. 데이터를 해석하고, 현장을 이해하고, 시장의 맥락 속에서 물건을 보는 눈은 단기간에 생기지 않지만, 매일 조금씩 꾸준히 연습하면 누구나 가질 수 있는 능력이다. 전문가에게 묻기 전에, 스스로 판단할 수 있어야 진짜 투자자다. 스스로 매물을 분석하는 능력은 시장에서 흔들리지 않는 가장 강력한 무기가 된다. 전문가에게 의존만 하면 자신만의 투자 마인드를 정립하기가 어렵다. 처음에는 전문가의 도움이 필요하지만, 차츰 본인이 선택해야 하는 분야가 많아질 것이다. 그리고 시간이 지나면서 자신도 모르게 전문가가 되어 있을 것이다.

부동산 매물을 분석하는 방법

항목	분석 내용 및 방법
위치 분석	교통, 생활편의시설, 학군, 주변 환경 등 확인
시세 비교	인근 유사 매물의 가격과 비교해 적정 가격 판단
권리관계 확인	등기부등본 열람 → 소유권 근저당권 전세권 등 확인
용도 및 규제	토지이용계획확인서로 건축 가능 여부, 규제 사항 확인
수익성 검토	임대수익, 유지비, 향후 가치 상승 가능성 분석
관리 상태 확인	건물 상태, 수리 여부, 관리비 수준 등 점검
인근 개발 정보	재개발, 교통 호재 등 향후 변화 가능성 검토

정석대로 배운 사람은
흔들리지 않는다

이 책의 첫 장을 넘기기 전, 당신은 '부동산'이라는 단어에 대해 막연함과 동시에 약간의 두려움을 갖고 있었을지도 모릅니다. 용어는 어려우며, 정책은 자주 바뀌고, 주변 사람들의 말은 제각각이었을 것입니다. 그 속에서 무엇이 맞는지 판단할 기준이 없었다면, 그것은 당신의 지식이 부족해서가 아니라, 정석이 없었기 때문입니다. 부동산은 누구나 관심을 두지만, 누구나 제대로 공부하지는 않습니다. 단편적인 정보, 유행하는 투자법, 자극적인 수익 사례에 쏠리기 쉽습니다. 그러나 진짜 투자자는 다릅니다. 기초 개념을 이해하고, 시장 구조를 파악하고, 숫자와 서류를 해석할 줄 아는 사람, 이들은 시장이 출렁일 때도 중심을 지키고, 조급하지 않으며, 꾸준히 자산을 키워냅니다.

이 책은 단기 유행을 따르기보다 부동산을 보는 '기본 관점'을 만드는 데 집중했습니다. 입지를 보는 눈, 데이터를 해석하는 힘, 서류를 확인하는 습관, 임장에서의 감각까지, 이 모든 것은 단기간에 외워서 끝나는 지식이 아닙니다. 반복하고 정리하고 직접 걸어보며 쌓아야 하는, 시간과 태도의 문제입니다. 그리고 이제, 이 책의 마지막 페이지에 도달한 지금, 나는 당신이 그 태도를 가졌다고 믿습니다. 기초부터 배우고, 실전 감각을 익히며, 흔들림 없는 기준을 세운 당신은 더 이상 초보가 아닙니다. 앞으로의 시장은 여전히 불확실할 것입니다. 정책도, 경제도, 세금도 계속 변할 것입니다. 하지만 정석을 익힌 사람은 두렵지 않습니다. 왜냐하면, 무엇을 보고 판단해야 하는지를 알기 때문입니다. 기억하십시오. 가장 빠른 길은 언제나 '정석'입니다. 돌고 돌아도, 결국 살아남는 사람은 기본을 지킨 사람입니다. 이제 당신의 투자 여정이 시작됩니다. 이 책이 당신의 나침반이 되기를 바랍니다.

지금까지 부동산에서 꼭 알아야 하는 기초 지식에 대한 것을 정리해봤습니다. 마치 우리가 중고등학교 때 《수학의 정석》을 통해서 수학의 기초 지식을 배웠듯이 부동산의 정석을 통해서 부동산의 기초를 배웠으면 합니다. 그 속에서 아파트, 분양권, 재개발, 상가, 토지, 경매 등 분야가 많습니다. 기회가 된다면 아파트의 정석, 분양권의 정석, 재개발의 정석, 상가의 정석, 토지의 정석, 경매의 정석 등 시리즈별로 심층 과정을 집필해보고자 합니다. 누구나 쉽게 공부할 수 있도록 해야 한다고 생각하기 때문입니다.

책을 마무리하며
건행부자 올림

부린이 용어 50선

1. **매매가** → 집을 사고팔 때 거래되는 실제 가격.
2. **전세** → 일정 보증금을 맡기고 일정 기간 집을 빌려 사는 방식.
3. **월세** → 매달 일정 금액의 임대료를 내며 사는 방식.
4. **보증금** → 집을 빌릴 때 집주인에게 미리 맡기는 큰돈.
5. **중도금** → 집을 살 때 계약금과 잔금 사이에 나눠서 내는 돈.
6. **잔금** → 계약 마지막 단계에서 남은 금액을 모두 지불하는 것.
7. **계약금** → 매매 계약 시 처음에 지불하는 약속금. 보통 전체 금액의 10%.
8. **LTV** → 집값 대비 대출 가능한 비율(예 : LTV 70%면 1억 원 집에 7,000만 원 대출 가능).
9. **DTI** → 내 소득 대비 대출 갚는 비율. 너무 높으면 대출이 제한됨.
10. **DSR** → 모든 대출(주택 외 포함)을 갚는 데 쓰이는 소득 비율.
11. **등기부등본** → 집의 소유자와 빚(근저당 등) 정보가 적힌 공문서.
12. **건축물대장** → 집의 구조, 층수, 용도 등이 기록된 서류.
13. **확정일자** → 전세 계약서에 날짜 도장을 찍는 것. 보증금 보호에 필수.
14. **전입신고** → 이사 후 동사무소에 주소를 옮기는 신고. 세입자 권리 보호용.

15 **실거래가** → 실제로 거래된 가격. 국토교통부 사이트에서 확인 가능.

16 **호가** → 집주인이 부르는 가격. 실제 거래 가격과 다를 수 있음.

17 **전세가율** → 매매가 대비 전세 보증금의 비율. 높을수록 안정적 투자.

18 **공시지가** → 정부가 정한 땅값. 세금 부과 기준이 됨.

19 **분양가** → 새 아파트가 처음에 시장에 나올 때 정해지는 가격.

20 **분양권** → 아파트 완공 전 계약자의 권리. 매매 가능하지만 전매 제한 있음.

21 **입주권** → 재건축/재개발로 새 집에 들어갈 수 있는 권리.

22 **청약** → 새 아파트에 들어가기 위해 신청하는 제도.

23 **청약 가점제** → 무주택 기간, 부양가족 수, 통장 가입 기간에 따른 점수제도.

24 **투기과열지구** → 집값이 급등한 지역. 대출·청약 규제가 매우 강함.

25 **조정대상지역** → 집값 안정이 필요한 지역. 규제가 적용되지만, 투기 과열보다는 약함.

26 **비규제지역** → 정부 규제가 적용되지 않는 지역. 대출·청약에 유리함.

27 **재개발** → 낡은 주택가를 허물고 새 건물을 짓는 도시 정비 사업.

28 **재건축** → 낡은 아파트를 허물고 새 아파트로 바꾸는 사업.

29 **갭 투자** → 전세를 끼고 집을 사는 방식. 적은 돈으로 투자 가능하지만 리스크 존재.

30 **실입주** → 직접 들어가 사는 경우. 전세나 월세가 아님.

31 **임장** → 직접 현장을 돌아보며 집 주변 환경, 동네 분위기 등을 체크하는 활동.

32 **역세권** → 지하철역에서 도보로 5~10분 이내 거리에 있는 아파트나 상가.

33 **초품아** → 초등학교를 품은 아파트. 안전과 학군 면에서 선호도가 높음.

34 **학군** → 교육 수준이 좋은 학교가 몰려 있는 지역.

35 **생활 인프라** → 병원, 마트, 편의점, 은행 등 주변 생활 편의시설.

36 **건폐율** → 땅의 몇 %를 건물이 차지하고 있는지 나타낸 비율.

37 **용적률** → 땅 면적 대비 건물 전체 면적의 비율. 높을수록 더 큰 건물 가능.

38 **용도지역** → 토지가 쓸 수 있는 목적을 구분한 것(예 : 주거지역, 상업지역 등).

39 **관리비** → 공동주택에서 공용시설 유지 등에 드는 비용. 매달 내야 함.

40 **엘리베이터 점검일** → 매월 점검하며, 멈추는 날 미리 공지됨. 실거주 시 체크 필수.

41 **세대수** → 아파트 단지에 살고 있는 전체 가구 수. 클수록 관리비 분담 유리.

42 **주차대수** → 단지 내 차량 주차 공간 수. 1세대당 1대 이상 가능한지 확인 필요.

43 **층간소음** → 위층에서 발생하는 소리로 인한 생활 불편. 구조에 따라 다름.

44 **남향** → 아파트 발코니가 해가 잘 드는 방향으로 되어 있는 집. 가장 선호함.

45 **일조권** → 햇볕이 일정 시간 이상 들어와야 하는 권리. 높은 건물이 가릴 수 있음.

46 **조망권** → 전망이 트여 있는 권리. 고층에서 유리한 조건.

47 **중개수수료** → 부동산 거래 시 중개사에게 지급하는 수수료.

48 **부동산 중개업소** → 매물 소개 및 거래를 중개해주는 업체.

49 **실수요자** → 집을 직접 살기 위해 구입하는 사람.

50 **투자 수요자** → 임대수익 또는 시세차익을 목적으로 집을 사는 사람.

부동산 관련 사이트(2025년 기준)

1. 실거래가 및 시세 조회

사이트명	설명
국토교통부 실거래가 공개시스템	부동산 실거래 내역을 확인할 수 있는 정부 공식 사이트
한국부동산원	아파트 시세, 전세가율, 통계 등 종합 데이터 제공
KB 부동산	KB국민은행이 제공하는 전국 아파트 시세 및 분석
네이버페이 부동산	가장 널리 쓰이는 부동산 검색 플랫폼
카카오맵	지도 기반 부동산 매물 검색 기능 제공
호갱노노	단지별 실거래가, 시세, 입지 정보를 비교 분석하는 앱
아실	아파트 실거래 정보와 전세가율, 갭 투자 조건 등 분석
부동산플래닛	지역별 분양 정보와 가격 흐름을 제공하는 포털
직방	모바일 부동산 매물 검색 대표 서비스
리치고	분양 캘린더, 시세 지도, 커뮤니티 기반 정보 제공

2. 청약 및 주택 공급

사이트명	설명
청약홈	청약 신청, 가점 확인, 경쟁률 등 정보 통합 제공
LH 한국토지주택공사	공공 분양 및 임대주택 정보 제공
SH 서울주택도시공사	서울시 내 공공주택 분양/임대 운영 주체
GH 경기도시공사	경기도 공공주택 공급 및 도시개발 관련 정보
뉴홈	공고분양주택으로 청년, 서민 수요자 정보 제공

3. 정책, 법령 및 행정정보

사이트명	설명
국토교통부	부동산 관련 법령 및 정책 발표 주관 부처
정부24	부동산 민원서류 발급, 행정서비스 통합 포털
법제처 국가법령정보센터	부동산 관련 법령 및 시행규칙 열람 가능
부동산종합공부시스템	등기, 토지대장, 건축물대장 등 열람 서비스
건축행정시스템 세움터	건축허가, 건물정보, 인허가 도면 확인
서울도시공간포털	서울의 재개발, 지구단위계획, 용도지역 확인
토지e음	토지 용도지역, 용도지구 등 규제 정보 확인
지적편집도(공간정보)	토지의 모양, 위치, 경계 등을 지도 기반으로 확인

4. 세금, 대출, 계산 도구

사이트명	설명
부동산계산기 (https://ezb.co.kr)	양도소득세, 종합부동산세 등 각종 부동산 계산
부동산계산기 (부동산계산기.com)	중개보수, 양도세, 보유세, 취득세 등 계산
국세청 홈택스	세금 납부, 부동산 양도소득세 신고 서비스
금융감독원 금융상품 비교	주택담보대출 상품 및 금리 비교 가능
금융위원회	부동산 대출 관련 정책 소개

5. 학습/교육/투자 커뮤니티

사이트명	설명
건행부자학교(네이버 카페)	건강하고 행복한 부자 되기 위한 교육
부동산스터디(네이버 카페)	국내 최대 규모 부동산 커뮤니티
나눔학교(유튜브)	부동산 관련 정보 제공 채널
부읽남TV(유튜브)	실전 중심 부동산 정보 제공 채널
월급쟁이부자들TV (유튜브)	월급쟁이 부자들 공식 유튜브 채널
빠숑의 세상 답사기 (네이버 블로그)	입지 분석으로 유명한 부동산 전문가 블로그
나눔부자의 경제여행 (네이버 블로그)	실전 투자와 정책 분석 중심 칼럼

6. 입지 및 지역 분석

사이트명	설명
서울부동산정보광장	서울시 부동산 가격, 거래, 시세 등 확인
정비사업 정보몽땅 (cleanup.seoul.go.kr)	서울 재개발, 재건축 정보 제공
부동산용 지도서비스 (LH 토지이용)	용도지역, 지구단위계획 등 위치 기반 분석
건축행정통합센터	건축허가 이력 및 공공 건축 행정서비스
손품왕 (sonpum.com)	전국 부동산에 대한 빅데이터 제공

7. 기타 실전 활용 플랫폼

사이트명	설명
전세금 반환보증(HUG)	임대보증금 반환 보증 제공 서비스
한국부동산개발협회	개발사업자 정보, 관련 교육 및 협업 네트워크
부동산지인	브랜드 아파트 위주 시세·분양·입주 정보 제공
리치고	부동산 투자자를 위한 빅데이터 제공
피터팬의 좋은 방 구하기	중개 수수료 없는 전월세 직거래 플랫폼
방콜	부동산 중개업소 연결 및 지역 시세 조회 가능

활용 TIP

- 초보자 : 실거래가, 청약홈, 네이버 부동산, 호갱노노, 청약통장부터 시작
- 중급자 : 도시계획포털, 세움터, 리치고, 계산기 사이트로 분석 확장
- 투자자 : 정비사업, 공급 통계, 학군 정보, 갭 투자 계산기 병행 활용

부린이들을 위한 투자 원리 지침서
부동산의 정석

제1판 1쇄 2025년 8월 20일

지은이 김형일, 이보람
펴낸이 한성주
펴낸곳 ㈜두드림미디어
책임편집 배성분
디자인 김진나(nah1052@naver.com)

㈜두드림미디어
등 록 2015년 3월 25일(제2022-000009호)
주 소 서울시 강서구 공항대로 219, 620호, 621호
전 화 02)333-3577
팩 스 02)6455-3477
이메일 dodreamedia@naver.com(원고 투고 및 출판 관련 문의)
카 페 https://cafe.naver.com/dodreamedia

ISBN 979-11-94223-89-4 (03320)

책 내용에 관한 궁금증은 표지 앞날개에 있는 저자의 이메일이나
저자의 각종 SNS 연락처로 문의해주시길 바랍니다.

책값은 뒤표지에 있습니다.
파본은 구입하신 서점에서 교환해드립니다.